华夏文明传播研究文库

主编 谢清果 钟海连

中庸的传播思想

谢清果 等著

中者，不偏不倚、无过不及之名。庸，平常也。

子程子曰：「不偏之谓中，不易之谓庸。中者，天下之正道，庸者，天下之定理。」此篇乃孔门传授心法，子思恐其久而差也，故笔之于书，以授孟子。其书始言一理，中散为万事，末复合为一理，「放之则弥六合，卷之则退藏于密」，其味无穷，皆实学

九州出版社 JIUZHOUPRESS 全国百佳图书出版单位

图书在版编目（CIP）数据

中庸的传播思想 / 谢清果等著. -- 北京 ：九州出
版社，2018.9
ISBN 978-7-5108-7477-2

Ⅰ．①中… Ⅱ．①谢… Ⅲ．①儒家②《中庸》—研究
Ⅳ．①B222.15

中国版本图书馆CIP数据核字(2018)第211912号

中庸的传播思想

作　　者	谢清果　等著
出版发行	九州出版社
地　　址	北京市西城区阜外大街甲 35 号（100037）
发行电话	（010）68992190/3/5/6
网　　址	www.jiuzhoupress.com
电子信箱	jiuzhou@jiuzhoupress.com
印　　刷	北京九州迅驰传媒文化有限公司
开　　本	720 毫米×1020 毫米　16 开
印　　张	16.5
字　　数	214 千字
版　　次	2018 年 10 月第 1 版
印　　次	2018 年 10 月第 1 次印刷
书　　号	ISBN 978-7-5108-7477-2
定　　价	48.00 元

厦门大学人文社会科学"校长基金·创新团队"项目"海峡两岸舆论：动力机制及其演化轨迹研究"（编号：20720171005)资助成果

厦门大学传播研究所　　成果

厦门大学华夏文明传播研究中心　　成果

厦门大学哲学社会繁荣计划
2011-2021

华夏文明传播研究文库

顾问

黄星民（厦门大学新闻传播学院教授，博导）

詹石窗（四川大学老子研究院院长，博导）

学术委员会

主　任：孙旭培（中国社会科学院）

委　员（以姓氏笔画为序）：

马成龙（香港浸会大学传理学院）

尹韵公（中国社会科学院新闻与传播所）

吕　行（美国迪堡大学）

庄鸿明（厦门大学新闻传播学院）

孙　玮（复旦大学新闻学院）

李　彬（清华大学新闻传播学院）

肖小穗（香港浸会大学传理学院）

肖东发（北京大学新闻与传播学院）

吴　飞（浙江大学传媒与国际文化学院）

吴予敏（深圳大学传播学院）

吴廷俊（华中科技大学新闻与信息传播学院）

汪　琪（台湾政治大学传播学院）

邵培仁（浙江大学传播研究系）

陈国明（美国罗德岛大学传播研究系）

陈韬文（香港中文大学新闻与传播学院）

陈嬿如（厦门大学新闻传播学院）

张惠晶（美国伊利诺大学芝加哥分校）

张铭清（厦门大学新闻传播学院）

林升栋（厦门大学新闻传播学院）

罗　萍（厦门大学新闻传播学院）

岳　淼（厦门大学新闻传播学院）

居延安（美国康涅狄格州州立大学）

单　波（武汉大学新闻与传播学院）

［新加坡］卓南生（北京大学新闻学研究会）

宫承波（中国传媒大学电视与新闻学院）

赵月枝（加拿大西门菲莎大学传播学院）

赵振祥（厦门理工学院）

赵晶晶（浙江大学传媒与国际文化学院）

郝　雨（上海大学影视学院）

郭肖华（厦门理工学院数字创意学院）

郭金彬（厦门大学人文学院）

阎立峰（厦门大学新闻传播学院）

黄　旦（复旦大学新闻学院）

黄合水（厦门大学新闻传播学院）

黄鸣奋（厦门大学人文学院）

程曼丽（北京大学新闻与传播学院）

谭华孚（福建师范大学传播学院）

戴元光（上海政法学院）

文库主编

谢清果（厦门大学新闻传播学院教授、博士生导师）

钟海连（中盐金坛盐化有限责任公司副总经理，《贤文化管理》主编）

编辑委员会

王乃考	刘海龙	李漫	连水兴
邹洁	张毓强	陈娜	洪长晖
胡翼青	曾一果	戴美玲	林啸
林俊雄	姚锦云	潘祥辉	史冬冬

本书撰稿人

谢清果　　　杜恺健　　　赵　晟

祁菲菲　　　林　凯

总　序

一、文明传播：文明的传播与传播的文明

"文明传播"概念的提出与理论阐释已经成为中国传播学界一个别样的探索方向。从"文明传播"的视角来审视人类文明的发展规律以及背后的传播机制是人类自我反省的必然要求，而文明传播研究的成果从根本上具有指导人类文明航向的意义。

"文明传播"问题的提出源于 20 世纪 90 年代中国社会科学院新闻与传播研究所的几位传播学研究者与《北京日报》《人民日报》《光明日报》、中央电视台首都新闻共同发起了声势浩大的"文明工程"运动。得益于"文明工程"运动实施引发了"文明传播"问题的思考，并于 2006 年 12 月在北京召开的中国首届"文明论坛"上提出建构"文明传播学"的观点。2007 年 8 月"文明传播的跨学科研究与学科创建"课题作为中国社会科学院资助重点课题获得立项，主要参与者有季燕京、毛峰、王怡红、杨瑞明、张丹、胡河宁、胡翼青、刘明等人。季燕京、毛峰于 2007 年的《中国社会科学院院报》上发表《以文明传播思想为核心的传播哲学》一文，文章认为："以文明传播思想为核心的传播哲学认为，信息传播最深刻的起源应当在人类的社会实践——认识结构之中，其最核心的基础和根本问题是社会认识的主体

性起源。同时，任何社会认识的主体性都应当是基于社会实践主体性之上的。也就是说，社会实践中的各种利益关系、组织方式以及不同主体所处的社会历史地位，这是社会认识中主客体关系的基础或依据。因此，真正了解社会传播的主客体关系及其主体性问题，包括起源和形成，都应当从社会的利益关系、组织关系、物质条件以及相应的认知模式中寻求答案。"总而言之，文明传播追求的是自觉审视社会整合中的通过社会组织方式而实现的利益交换整合和通过社会传播结构而实现的信息交换的整合，从而形成与当代和谐社会理念相配合的传播文明视域。毛峰则是较早关注文明传播且富有成就的学者，他从研究《帝国与传播》《传播的偏向》入手，提示出伊尼斯的文明传播观："文明在确立、生长、扩张与绵延的过程中会不断遭遇传播问题：政治权力与经济利益是否合理流动分配、文化价值是否被大多数社会成员共享共信，是这一文明能否实现内部整合的基础；而在外部扩张上，文明对自然的开发是否超过自然所能忍受并自我修复的限度、文明是否能合理对待其他文明中的社区与人群，更成为文明生死存亡的关键。文明在传播过程中时常出现的'偏向'与失衡，往往置文明于死地。文明传播的悖论在于：文明在物质、技术以及媒介层面的进步，常常打乱了固有的文明传播秩序，尤其是文化信息的骤然增加与分歧杂乱，使原本共享共信的文明价值被怀疑并否弃，最终使文明成为传播的牺牲品，文明由于传播的偏向而堕入战乱、崩溃等非文明的野蛮状态。"①如此看来，文明传播研究的价值与意义在于自觉维护人类文明永续发展，促进和保障人类生活和谐。毛峰从中国的《论语》中找到防止文明传播异化的指导思想，他认为："孔子提出的救济传播的偏向、失衡与异化的原则是对文明传播活动施以道德指引，使文明传播活动回归其逐渐偏离的自然秩序（道）与社会秩序（德），赋予文明传播牢不可

---

① 毛峰：《文明传播的偏向与当代文明的危机——伊尼斯传播哲学中的历史智慧》，《史学理论研究》，2005 年第 2 期。

破的道德基础，使文明永葆活力、持久与和谐。"① 中华文明上下五千的智慧蕴藏着丰富的文明传播理念。毛峰认为"文明传播的法则是自然生态与人类活动的良性平衡"，中华文明在漫长的历史长河中养成中国的"文明模式"："以儒家思想为中心，辅以道家等先秦思想而形成的中国世界观，确保了中华文明在绵延五千年的悠久岁月中取得独步世界的辉煌成就，其尊崇爱护自然、力行道德教化、追求精神提升、万物和谐的文明模式，在世界其他文明盛衰不定的历史急流中，保障了中华民族的长期统一、稳定、繁荣、与他民族和谐共存等高度可持续性。"②

2012 年 11 月，《文明传播的哲学视野》一书作为"文明传播的跨学科研究与学科创建"的结项成果正式出版，"文明传播"理论得以完整呈现。该书分"关于文明传播的基本认识""传播学的反思与中国学派的传播哲学""中华文明传播的原理探索""中华商业文明及其传播机制的历史反思""文明的转型与发展传播理论的反思""文明跃迁进程中的组织变革与战略理性"六篇共三十四章。该书的问题意识在于"中华文明何以传播承续至今而不中断""现代传播学为什么不能解释中国历史和现实社会的重大和基础性问题""文明转型过程中涉及什么样的传播思想、传播结构、重大社会理论和组织方式问题"而"文明传播"概念的基础内涵在于人类在克服人与自然、人与社会、人与自身之间重重矛盾的努力中所达到的历史进度和高度。显然，"文明传播"的目标是和谐，实现和谐传播的方法和途径是对话和反思。其中，"文明传播"作为概念，是"文明的传播"与"传播的文明"的统一。前者强调的是"文明"在传播中生成和发展；后者强调"传播"亦是

---

① 毛峰：《回归道德主义：孔子文明传播思想论析》，《南开学报》（哲学社会科学版），2005 年第 3 期。

② 毛峰：《文明传播的秩序——中国人的智慧》，中国传媒大学出版社，2005 年版，第 13 页、前言第 4 页。

在"文明"的观照下进行的，传播活动本身也进行着"文明"的洗礼。正所谓"文明通过传播，走向对话语境，达到和谐。传播是表明文明的手段，是显露文明的平台，传播的对话方式是实现和谐社会的有效途径。"①

二、华夏文明传播：华夏传播学的理论特质

"华夏传播"的提法，最早出现在《华夏传播论》一书中。然而书中却未对这一概念做说明。《华夏传播论》最初拟名"中国古代文化传播概论"或"中国传统文化中的传播"，最后正式出版时改为现名。可见，当时"华夏传播"仅作为书名的缩写形式出现，还没有鲜明的概念意识。真正将其作为概念提出的是黄星民教授，他发表《华夏传播研究刍议》一文，清晰地勾勒出"华夏传播"一词使用的脉络，进而分析"华夏"一词的文化意涵——华夏特指古代中国，且内含地理中国和文化中国的褒义。他这样界定"华夏传播研究"："华夏传播研究是对中国传统社会中的传播活动和传播观念的发掘、整理、研究和扬弃。"这个定义包括三个层面的含义：其一，指出中国传统社会是该研究的范围，即大抵指涉五四运动以前的中国社会。其二，指出"传播活动与传播观念"是该研究的对象。"传播活动"包括传播媒介、传播人物、传播事件、传播制度等以及它们的沿革流变、经验教训和基本规律："传播观念"指的是关于传播的言论、观点，学说、思想，甚至传播哲学等等。重点在华夏传播思想与传播制度。其三，指出"发掘、整理、研究和扬弃"是该研究的基本指导思想。"发掘、整理"是研究者对华夏传播活动进行客观的描述，是基础。"研究、扬弃"是研究者在发掘、整理的基础上，运用传播学等当代社会科学的研究方法加以

① 杨瑞明、张丹、季燕京、毛峰主编:《文明传播的哲学视野》，中国社会科学出版社，2012年版，第35页。

验证或阐释，力争从其中找出带规律性的东西，从而把它们提炼成科学的传播理论，用来指导今天的传播实践，丰富和发展世界传播学理论。"研究、扬弃"也可以从批判角度入手，告诫我们如何去避免过去的失误。这样的"华夏传播研究"的价值与意义就十分明显了：学术意义，即熔西方传播科学理论和华夏传播学说精华于一炉，共同解释、指导和总结今天中国的传播实践，形成我国特色的理论范式，形成传播学中国学派；发扬时代色彩，华夏传播研究在华夏文化与信息传播两方面保持着灵动的张力，如此既有助于发扬中华文化的魅力，又有助于培育、探索适合中国国情，能够阐释中国实践的信息传播学说；提供世界启示，华夏技术与传播道德的结合，是中华文明延续的内在原理，这对于世界传播事业的健康发展具有一定启迪意义。[①]

"华夏传播研究"作为领域已然形成，正像传播学可分为经济传播学等方向，华夏传播研讨华夏传统文化中的传播活动与现象，自然也可以称之为"华夏传播学"。当然，"学"通常被解读为"学说""理论"，亦有"学科"之意。笔者认为，"华夏传播学"的前提假设是承载五千年文明的中华文化虽然没有用现代传播学话语表达的传播学理论，但是已然存在直接或间接用中国话语（无论是文言文，还是白话文）表达的传播学理论却是存在无疑的。如《鬼谷子》的论辩说服理论和张仪、苏秦的说服实践，《韩非子》中的《说难》篇、《吕氏春秋》中的《察传》篇对口语传播的理论提炼，这样的情况不胜枚举。当然，这不是"西学中源"的自吹自擂，而是强调立足中华传统，根植于中国几千年的生活生产实践，延续、传承、创新我们中国传播理论，借助西方的传播学说和方法，重塑可与西方对话，阐释中国实践的华夏传播学。因此，华夏传播学是华夏传播研究的终极指向。我们可以这样表述："华夏传播学是在对中国传统社会中的传播活动和传播观念进

---

① 黄星民：《华夏传播研究刍议》，《新闻与传播研究》，2002 年第 4 期。

行发掘、整理、研究和扬弃的基础上，建构起来的能够阐释和推进中华文明可持续发展的传播机制、机理和思想方法的学说。"这里包含三个含义：其一，以史鉴今，通过开展华夏传播研究，提炼华夏独特的传播理念、传播技艺；其二，华夏传播研究的目标在于既能解释中国传统社会的传播现象与活动，又能推导中国当代社会实践，实现传播理论的当代创新；其三，着力点在于将复杂的传播现象、传播制度、传播理念通过"由表及里，去粗取精，去伪存真"的功夫，形成一套能够保持自然生态和谐、社会关系和顺、政治运作高效廉洁、民众生活有序安宁，国际关系和平互助的传播思想、传播制度，以指导当下的传播活动，实现与社会组织方式的紧密配合。换句话说，既保证了社会制度安排必需的公平正义，又在合理的传播秩序中保障权力运作过程的公平正义。用今天的话来说，保障公民的"知情权、参与权、表达权、监督权"，需要作为社会公器的传播媒介确切发挥功能，不沦为只当政府的耳目喉舌，而首先充当公民的耳目喉舌。

我们知道中国传统社会中的传播活动、传播制度、传播理念并不是完美无缺的，甚至有时显得有些反动，但从理论上讲，这是实然与应然的矛盾。拿古代士人传承的传播观念来说，其中就有如史家的秉笔直书传统，但在制度化为传播管理控制时，产生了偏差，出现了所谓"刑不上大夫，礼不下庶人"的情景，再等而下之，具体的传播活动和事件上是往往沦为人治，而不是注重法治。华夏传播学的起点在于客观地把握中国传统社会中传播实际（理论与实践两方面），归宿点则在于拨乱反正，将先贤对实现大同世界的诸多构想和探索，经过与世界文明的对话，以中华传统价值观为内核综合创新成适应社会主义实践的传播观念、传播制度和传播活动。这样的学说，才是"秀外慧中"的。

周伟业将华夏传播理论称为东方范式，他以汉语成语、谚语、俗语为例，认为华夏传播理论蕴含着行胜于言的传播取向、一诺千金的传播伦理、"信言不美，美言不信"的语言理论、"防民之口，甚于防川"的舆论警示，表现出以人际传播为核心、既重视语言又怀疑语言、聚合中华文化基因等特征。相对于欧美传播理论，华夏传播理论在文化根源、价值取向和思维方式上具有自己的文化特性：

1. 文化根源

华夏传播学体现以儒家的中庸太和，道家的无为自然和禅宗的缘起性空为核心精神的华夏文化，而经验学派源于实用主义哲学，讲究通过媒介控制，达到社会行为调控的效果；批判学派源于法兰克福学派，侧重于对社会、文化、传播现状的反思和批判。

2. 价值取向

华夏传播学的主旋律是和谐，力求通过传播活动构建内心和谐、人际和睦、天人合一的和谐人生、和谐社会、和谐宇宙。经验学派的价值取向改良社会，关注的是如何和多大程度上调整传播活动以改善当前的社会统治。批判学派价值在于变革社会，着力点在于反思传播过程中的控制合法和合理问题，进而促进传播控制的合法合理。可见，"经验学派和批判学派的总体取向是通过媒介生态的改造来改良社会生态、文化生态；华夏传播理论的总体取向是通过人际关系的协调来实现社会关系的优化"。①

3. 思维方法

华夏传播学以"中庸"（或称为中和、中道）为核心的思维方法是对历史与现实生活智慧不断进行理论提升的结晶，因此，其运思过程就是生活智慧的不断积淀和升华，是经验思维（实用理性）取向。经验学派则讲究科学实证，要求运用问卷调查，社会实验等方式来进行数据分析，因此是科学思维取向。批判学派则是理论反思与现实批判，注重通过人文精神的重塑来实现社会公平正义，因此是批判思维取向。

---

① 周伟业：《东方范式：华夏传播理论的内涵、特征与价值——以汉语成语、谚语、俗语为中心的思考》，《南京政治学院学报》，2010年第5期。

表达方式和适用范围。华夏传播学的表达方式往往是经验性的话语，如格言警句、成语，适用广泛，不仅适用于古代，也适用于现代，这体现出华夏传播学较擅长解释人际传播现象。经验学派和批判学派的表述方式是学术话语，以概念和理论的形式出现，更适用于大众传播时代，因此能较好地解释现代社会的媒介传播、组织传播。

总而言之，华夏传播学"是一种历史沉淀、文化积累。它不同于为政府、公司提供咨询、服务的实证研究，也不同于批判现代社会弊病、文化工业问题的理论研究，是一种扎根于中华文化的东方范式的传播学理论。它是汉语文化对人类传播规律的深刻领悟，也是华夏文明对世界传播所做出的独特贡献"。[①]

综上所述，华夏传播学是贯通古今，以传统为主，以现实为辅；以现实为导向，以传统为着力点；试图通过对华夏传播史与华夏传播理论的双重观照中，寻找传统与现实的逻辑起点，围绕社会运作与信息传播的互动为主线，夯实中华民族圆"中国梦"的基础。

在此基础上，我们进一步提出"华夏文明传播"观念，不仅仅是将文明传播的视野集中于中国，而且是要聚焦于中国优秀文化传统（即华夏文明），着力挖掘华夏文明中的传播智慧，当然也追求依托华夏文明来与西方传播实践与理论展开对话，鲜明地传播中国好声音，讲好中国好故事，用我们的中庸、天下、和谐、礼乐等观念来阐述华夏传播理论，来解释中国当代社会交往与国际传播背后的理念，从而为中华民族的伟大复兴建构起自己的传播话语体系，让世界理解华夏文明是以追求"天下太平"为己任，她奉行"和而不同"的交流观念，具有极大包容性、开放性和开拓性的优秀品质，世界的和平发展需要华夏文明贡献智慧，华夏文明也乐于与世界分享中国智慧。

《华夏文明传播研究文库》将以研究与传播中华优秀传统文化为宗

---

① 周伟业：《东方范式：华夏传播理论的内涵、特征与价值——以汉语成语、谚语、俗语为中心的思考》，《南京政治学院学报》，2010 年第 5 期。

旨，一方面注重传播华夏文明，从多个维度研究中华文化传统，以增强民族的文化自信与文化自觉，使华夏文明能够薪火相传；另一方面积极阐扬华夏文明的传播智慧，立足中国，放眼世界，以他者为镜鉴，建构华夏文明传播的思想体系，提供可以与西方传播理论对话的中国文本。

主编　谢清果　钟海连
2016 年 2 月 26 日

目　录

总　序 ……………………………………………………………………… 1

序 ………………………………………………………………………… 1

第一章　慎独成圣:《中庸》思想与内向传播意蕴 …………………… 10

　　第一节　慎独的"为一"指向,贯通修身与治世的内向传播过程 …… 10

　　第二节　慎独:《中庸》寻求突破自我的独特范式 ………………… 15

　　第三节　诚意、慎心、慎德、中和:《中庸》"慎独"观念的意义演变 … 20

　　第四节　《中庸》慎独观念对身心健康与社会和谐的价值与意义 …… 34

第二章　国家可均:《中庸》思想与政治传播旨趣 ………………………… 41

　　第一节　为政在人:《中庸》核心政治传播观念的落脚点 …………… 43

　　第二节　以人治人:《中庸》政治传播观念的方法论 ……………… 49

　　第三节　反身而诚:《中庸》政治传播观念的原点与终极关怀 ……… 53

第三章　中立不倚:《中庸》思想与游戏文化传播之道 ………………… 59

　　第一节　"不诚无物":游戏设计的初衷 …………………………… 61

　　第二节　"智仁勇":游戏制作者的自我修养 ……………………… 65

　　第三节　"尽物之性":游戏作品的策划与制作 …………………… 68

　　第四节　"致中和":游戏行业的发展之路 ………………………… 71

　　第五节　中庸之美:游戏作品的美学表达 ………………………… 75

第六节 中庸之道：游戏作品的跨文化传播要旨 …………… 80

第四章 敦厚崇礼:《中庸》思想与人际传播纲领 ……………… 85
　　第一节 中庸与人际传播的研究回顾与概念辨析 …………… 87
　　第二节 中庸思想的四个基本关系及其当代启示 …………… 99
　　第三节 中庸思想利于摆脱当代人际传播的困境 …………… 119

第五章 内外之道:《中庸》思想与安乐哲译介的跨文化传播智慧 ……… 125
　　第一节 安乐哲《中庸》译介中的跨文化传播智慧 …………… 127
　　第二节 安乐哲跨文化传播思想的形成原因探析 …………… 136
　　第三节 中华传统文化"走出去"的策略和路径 …………… 139

附　录 …………………………………………………………… 147
一、中庸原文、注释与译文
二、中庸章句（朱熹）……………………………………………… 203

参考文献 ………………………………………………………… 237
后　记 …………………………………………………………… 241

序

中庸：儒家安身立命的独特运思方法

中庸是儒家思想中极其重要的概念，也是中国传统文化的重要理论成果。中庸是儒家对世界万物本质及发展规律的认识，也是处理问题的世界观和方法论，是儒家乃至中华民族内向传播的独特的运思方式。本书通过重读《中庸》为核心的儒家文献，力图不仅探讨作为一种儒家实现自我完善和适应社会的内向传播方法意义上的中庸，而且还探讨中庸在政治传播、人际传播、跨文化传播以及游戏文化制作与传播实践中的运用，从而多面向地展现出中庸的传播思想。

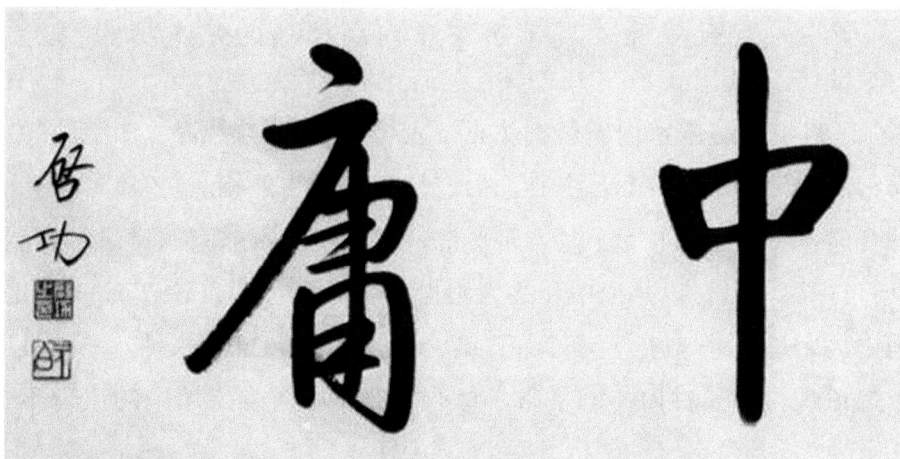

图 1：启功书法

中庸在儒家的视野中既是一种高妙的道德境界，又一种立身处事，治国安邦的根本方法。当然，儒家历来讲究修身为本，因此，其内向传播智慧是其首要和根本所在。这也与传播学视内向传播为一切传播的起点和归宿点相一致。人类传播实践是基于人，为了人。人类的一切传播活动都是为了探讨自身作为"类"的存在如何"共同生活"的问题。与西方力求通过制度建设来规范人与人的关系不同，中国士人，尤其是儒家则追求通过自身的"克己复礼"来实践仁义礼智信，即通过自我的内在精神约束，来模范地遵守社会规约，从而使社会规约运作因为人的自觉遵守而发挥巨大作用，从而营造出和谐的人际关系，国际关系。

这里，先借鉴米德的主我与客我理论，来初步阐述"儒家内向传播"这一概念。可以表述为，儒家内向传播指的是儒家在自我心灵世界中的自我对话，即实然的我（主我）与应然的我（客我）在修身成圣的精神感召下，不断地反省，推动自我朝适应社会，完善自我的理想境界（即"内圣外王"）前进的一种思维升华过程与方法的统称。而《中庸》正是管窥儒家内向传播智慧的一扇窗口。

一、"致中和"展示了中庸内向传播的基本功能

理解中庸是儒家内向传播方法，必须先理解"中庸"二字。"中"通常有两种含义，一个是中心，另一个是内，与外相对。"庸"也有两种含义，一个是用，一个是常，平常。汉代经学家郑玄《目录》有载："曰'中庸'者，以其记中和之为用也。庸，用也。"又说："庸，常也。用中为常道也。""中"与"庸"结合起来的含义也有两种，一种是用中的道理，一是种内心的平常。综合起来，中庸是指用中的道理不在

内心之外或刻意遵循，而是化为内心的平常。[①]

　　除了调节内心使之平常以外，中庸也是与外界环境互动的方式。《礼记·中庸》不但赋予"中"新的内容，即以"仁"为核心，以"礼"为外在形式的伦理道德观，更补充了"喜怒哀乐之未发谓之中"的含义，将"中"与人所固有的含而未发的内心状态联系起来。[②]"中庸"贯通了儒家所谓的"内外之道"，一方面"中"是内在的，指人内心的某种主观态度；另一方面，"中庸"又是外在的，表现为外在行为的"中节"、合于礼。[③]

　　中庸理念的核心是以人的内在要求为出发点和根本价值依据，符合内向传播内向性的主要特征；中庸也需要在外部环境中寻求"中节"，也就是使内在要求在现有的外在条件下，达到最适当的平衡点，也就是"致中和"的境界。由此可见，中庸体现了一切传播共有的社会性和互动性。内心的"中"、外在的"节"体现了人的社会性，而最后的结果"致中和"则是内向传播与自我互动和与社会互动的结果。

二、天命、诚明、时机凸显中庸化解自我内心矛盾与社会诸冲突的方法论价值

　　中国传统社会的诸多冲突中，都包含着两种对立的因素。中庸之道的要点就在于包含"度"的思想和对立面统一、转化的思想。作为内向传播方式，中庸是人们对内调节个人情绪和认识，对外调整个人行动的重要方法，使冲突的对立面达到"致中和"的内外平和的状态。

　　孔子中庸之道的本质在于用中和致和："和也者，天下之达道也。

---

① 陈天林，《中庸 中国传统和谐文化的基本精神》，《社会主义研究》2006年第5期。

② 徐克谦：《从"中"字的三重含义看中庸思想》，http://www.fjsen.com/q/2009-11/20/content_1435347_4.htm。

③ 王轶楠：《和谐心理学发微——中庸视角下的上下级共生之道》，中国社会科学出版社2009年，第32—33页。

致中和，天地位焉，万物育焉。"① 在孔子看来，中庸的本体论根据是宇宙对万物的包容与协和，明白了这一点就是"知命"，就能自觉达到天人合一②。《中庸》中除了引用孔子及其《诗经》的言论，其余的内容有一半与"诚"有关："诚者，天之道也；诚之者，人之道也。"③因此，《中庸》将其作为沟通天道、达于人道的环节。④ 除了"命"与"诚"，孟子又指出中庸的核心在"中"，而"中"之难点在于"时"，"时"又是时时刻刻在变化的，"时中"意味着因时制宜。正是在这个意义上，梁启超称中庸为"流动哲学"。⑤ 所以，下文将从中庸内向传播中"命""诚""时"的角度来解释中庸是如何能够解决冲突。

（1）用顺应天命来解决天道与人事的冲突。自有人类社会以来人与自然的关系，即天道与人事的关系，始终是人们关注的焦点。在生产力发展的不同阶段，人们对天道认识也不同。通常，各民族发展的初期，都表达了对天（道）的敬畏。这种敬畏，在人类理性的发展过程中，则逐渐地由畏天、敬天，发展到则天、制天，以至于有人定胜天的观念产生，或者近代以来，中外都随着科技进步而滋生了征服自然的错误信念。历史殷鉴昭昭，古巴比伦文明和玛雅文明虽然几乎与中华文明同时出现，曾经辉煌过，而都因为无节制地滥用自然资源而导致文明灰飞烟灭，而只有一直存有"敬天保民"观念的中华文明却能延续至今。可以说，中华文明的绵延与儒家顺应天命，敬天法祖等理念有关联，我们的祖先特别注重根据自然规律来利用自然，讲究人与自然的和谐共处，讲究人的慈爱仁及万物。

首先，从对内的思想认识方面来说，儒家中庸之道认为整个宇宙

---

① （宋）朱熹撰：《四书章句集注》，陈立校点，辽宁教育出版社，1998年，第18页。
② 晁乐红：《中庸与中道——先秦儒家与亚里士多德伦理思想比较研究》，人民出版社，2010年，第31页。
③ （宋）朱熹撰：《四书章句集注》，陈立校点，辽宁教育出版社，1998年，第32页。
④ 晁乐红：《中庸与中道——先秦儒家与亚里士多德伦理思想比较研究》，人民出版社，2010年，第38页。
⑤ 梁启超：《孔子》，中华书局，1963年，第54页。

是一个圆融、有序的统一体。《中庸》曰："致中和，天地位焉，万物育焉。"即在中庸之道下，人类与天地万物能够共生共存，相互协调，"儒家心目中的物质世界主要的不是物理、化学意义上的物质世界，而是一个包括人在内的富有生命力的、生机盎然的、既有物质又有精神的世界"①。《中庸》曰："唯天下至诚，为能尽其性；能尽其性，则能尽人之性；能尽人之性，则能尽物之性；能尽物之性，则可以赞天地之化育；可以赞天地之化育，则可以与天地参矣。"从这个角度看，人与物质是统一的，"人事"与"天道"也是相互融合、统一的。这种中庸内向传播思想将人与自然统一起来，强调了两者的共同共生，超越了两者对立的冲突。

其次，从对外引导个人行动方面来说，中庸将保护自然与改造自然统一起来。据《论语·述而》记载，孔子"钓而不纲，弋不射宿"。钓鱼不用大网截流捕鱼，射鸟不射归巢的宿鸟，体现了孔子保护环境的意识。孟子主张"不违农时，谷不可胜食也；数罟不入洿池，鱼鳖不可胜食也；斧斤以时入山林，材木不可胜用也"②。荀子说："圣王之制也：草木荣华滋硕之时，则斧斤不入山林，不夭其生，不绝其长也。鼋鼍、鱼鳖、鳅鳣孕别之时，罔罟毒药不入泽，不夭其生，不绝其长也。春耕、夏耘、秋收、冬藏，四者不失时，故五谷不绝，而百姓有余食也。污池、渊沼、川泽，谨其时禁，故鱼鳖优多，而百姓有余用也。斩伐养长不失其时，故山林不童，而百姓有余材也。"③显然，中庸思想的天命观体现了利用自然资源的同时保护自然资源的原理，一方面保护自然"天道"，一方面满足"人事"需求，使这两方面冲突达到"致中和"的双赢状态。

（2）以"诚"来超越礼的形式与内容的冲突。古代中国是典型的

---

① 徐儒宗：《中庸论》，浙江古籍出版社2003年，第481页。
② （清）焦循著：《孟子正义》，河北人民出版社，1988年，第32页。
③ 王先谦著：《荀子集解》，中华书局，1988年，第165页。

宗法社会，而维持宗法社会运作的基本手段主要是礼乐，追根溯源，周公制礼作乐的目的便在于建立一整套适合宗法社会需要的社会规范。广义的礼仪包括内容和形式两部分，"君子义以为质，礼以行之，孙以出之，信以成之"（《论语·卫灵公》）。可见，礼既包含"义"的实质，又有要用"礼"的形式来表达。春秋战国出现礼崩乐坏的情景，总体上表现为人们往往只在形式上拘泥于礼法，而在内心上则失去对礼法的敬畏，以至于僭礼越制的情况经常出现，置"牺象不出门，嘉乐不野合"[①]，有时甚至连礼的形式都不当回事，总之，礼的形式与内容两方面都出现巨大冲突。

《中庸》里说，"诚者，物之始终，不诚无物"，说明"诚"就是真实[②]，是物质存在的根本属性。"诚"即宇宙万物之实，要求人们从内在认识方面承认事物的客观性，承认礼的内容的真实存在。礼起源于祭祀，后来又为维护社会等级和规范而制定，所以"礼"的内容就是客观存在的自然规律和社会制度。《中庸》认为"诚则形，形则著，著则明，明则动，动则变，变则化"，即"诚"是从内向外，自律的过程。"诚"使人们从内在承认礼的内容，也就承认礼存在的合理性。

《中庸》认为"诚"是诚实，是一切德行之本。《说文》更是直接把"诚"解为"信"[③]。荀子则把"诚"看作实践仁义的手段，认为"唯仁之为守，唯义之为行"（《不苟》），认为只要守住仁德，奉行道义就能帮助内心达到"诚"的状态，"诚"是由外向内的，他律的，需要将客观规范内化。"诚"这种由外向内的转换，就要求人们从外在行为方面奉行礼的形式，约束和规范自己的行为。形式是内容的载体和依托，因此才有这样的故事发生：当"子贡欲去告朔之饩羊"时，孔子却说："赐也，尔爱其羊，我爱其礼"（《论语·八佾》），明确表态礼义重于礼

① 张宗友注译：《左传》，中州古籍出版社，2010年，第360页。
② 徐儒宗：《中庸论》，浙江古籍出版社，2003年，第399页。
③ 许慎：《说文解字》，中华书局，1963年，第92页。

物，礼的形式都维护不了，内容就可想而知了。

所以"诚"从内在思想方面承认了礼的内容存在的合理性，从外在行为方面遵循礼仪规范，调和了礼的形式与内容的冲突。正如儒家强调"祭如在，祭神如神在"（《论语·八佾》）。这里的"如"字体现了用"诚"来超越礼的内容与形式冲突的中庸内向传播方法。一方面指出祭祀者要内心诚敬，想象真的有神明存在，承认礼的内容。另一方面依据外在礼仪规范进行祭祀，表达诚意。这样才既不失礼，又使内心平常，达到内外中和的状态。

（3）用时机来解决入世与出世的冲突。中庸之道自始至终包含"时中"的内容，使其本身具有可以随时变通的内在机制，这决定其蕴含的基本原理永远可以适应时代的变化发展而调整更新，指导人们的思想和行动。① 因此，从内在的思维来看，中庸包含"因时而变"的内向传播机制，要求人们根据外在境遇的改变而调整自己的认识，因时制宜。在仕隐冲突的问题上，孔子主张"以道事君，不可则止"（《论语·先进》）、"邦有道则仕，邦无道，则可卷而怀之"（《论语·卫灵公》），他主张政治家要据时势变化从内在调整策略。

《论语·阳货》记载，阳货责问孔子"好从事而亟失时，可谓知乎？"这个"时"的意思是"机会"，指社会变化发展过程中显示的机遇。《中庸》载孔子曰："君子之中庸也，君子而时中。"说君子遵循中庸之道，能够按照事物与时发展的实际情况把握与之相应的客观规律。作为时机的"时"把社会发展的客观规律和人生的选择联系了起来，从外在给予人们把握时机转变境遇的可能性。"君子之道，或出或处，或默或语"（《周易·系辞传上》），选择出仕还是归隐，关键看时机，根据时变来选择外在的行为方式。

从孔子的人生际遇看，他是成功的教育家，但绝不是成功的政治

---

① 徐儒宗：《中庸论》，浙江古籍出版社，2003年，第203页。

家。在礼坏乐崩的春秋末世，孔子汲汲于恢复周初礼乐制度是不合时宜的，其政治主张也得不到认同和施展。因此，孔子在仕途上多有坎坷，长期颠沛流离，甚至被荷蓧丈人、长沮、桀溺、楚狂接舆等隐逸之人嘲讽、诘难。[①] 面对个人理想和社会现实的冲突时，徐复观先生认为孔子解决仕与隐的方法是有机会便积极地去改造它（达则兼善天下），没有机会便消极地保存自己（穷则独善其身），绝没有非与现实政治共存亡不可的意思[②]。"穷则独善其身"体现了在环境变化时从用"时"来调节内心思想，使之平和的内向传播方法，而"达则兼善天下"则是用"时"来把握机遇，以适当的方式转化外在的境遇。总之，"应乎天而时行"（《周易·大有·象》）是中庸内向传播"时中"的内涵。

中庸是儒家内向传播的核心思想方法。一方面调节内在的态度，使之平常。另一方面，又使外在行为的"中节"，合于礼。诸多二律背反的冲突模式，如天人冲突、礼的内容形式冲突、仕隐冲突，这些冲突关系中实含有相互依存、彼此互动的内涵。而命、诚、时都是在中庸内心传播统摄的指导下，针对不同类型的冲突所选取的不同解决方法。不过，无论如何，中庸对矛盾冲突的化解都源于主体对天命的顺应思想取向，对诚明境界的不懈努力以及发挥主观能动性，实现对"时中"的充分运用，从而展示出中庸作为调节内心，实现身心、人际、社会和谐的方法论价值。[③]

---

① 桑东辉：《内在与超越——孔子中庸思想阐微》，《集美大学学报》，2007 年第 2 期。

② 徐复观：《中国思想史论集》，上海书店出版社，2004 年，第 98 页。

③ 参见，谢清果、董婧玮：《中庸：儒家内向传播的独特运思方法》，《名作欣赏》，2017 年第 9 期。

子思圣像，相传子思作《中庸》

第一章　慎独成圣:《中庸》思想与内向传播意蕴

　　慎独是成己的根本路径，而成己却能成人、成物。先秦的《荀子》《五行》《礼记·礼器》《大学》《中庸》中的"慎独"观念尽管有"诚意""慎心""慎德""中和"等取向的差异，但其本质都是一样的，即以坚定的毅力，促进内在心灵革命，使"俗我"向"圣我"转变。而这种转变的价值在于自我身心和谐健康，社会和谐安宁。从这个意义上讲，"慎独"观本质上就是儒家的内向传播观。

第一节　慎独的"为一"指向，贯通修身与治世的内向传播过程

　　内向传播（又称为自我传播、人内传播）是传播活动的基本类型，其本质上是人在意识世界中不断调动新输入的外部信息与人脑中积淀的内部信息，进行一系列的符号化操作过程，诸如运用概念，进行判断，推理，最终形成决策，以便指导自己后续言行的内在过程。在此基础上，人类开展人际传播、大众传播、组织传播、跨文化传播等活动。之所以内向传播是人类一切传播的基础，正是因为人类传播的主体是人，而传播的内容本身又是人类思维活动的产物。换句话说，一

切传播活动都源于人的内向传播，即人体的信息传播系统的运作。根据传播的社会性与互动性角度，"内向传播是发生在同一个人体内的一种信息交流活动，是在作为意愿和行为主体的主我 (I) 和作为他人的社会评价和社会期待的代表的客我 (Me) 之间进行的信息交流。……内向传播的核心是自我管理。"①"慎独"作为儒家修身的核心观念,正是以严格的自我管理而著称的。《中庸》有言:"君子戒慎乎其所不睹,恐惧乎其所不闻。莫见乎隐,莫显乎微,故君子慎其独也。"君子慎独之所以是一种儒家的内向传播活动,正是因为作为主体的君子以高度自觉的心态来处置自我的内心活动。儒家在生活实践中意识到,世人常会在别人看不见,听不到的时空中放任自我,于是提出在哪怕在独处时,或者只有自己清楚意识到内心涌动着的人欲时,提出当在中庸之德,即圣人的仁德来"惩忿制欲",换言之,即存天理灭人欲。即内在理路是,天理即圣我,而人欲是俗我,而其中的内向传播活动,正在于在圣人平天下使命的感召下,即社会期待的圣我为客我来召唤欲俗我进行洗心革面,于隐处,于微处着手,一点一滴地消除心中的人欲,从而使自己融入天理的境界中,这个内向传播过程,即心灵的对话和升华过程,洋溢着人性的光辉。

米德的主我客我理论是公认的内向传播理论经典。该理论的核心思想体现在:"'主我'是有机体对他人态度的反应;'客我'是有机体自己采取的有组织的一组他人的态度。他人的态度构成了有组织的'客我',然后有机体作为一个'主我'对之作出反应。"②正是主我与客我的互动,使自我内在结构具有张力,使自己处于心智不断成长的社会化过程中,这里既有对前人经验的吸纳、内化,又有主我对自己如何融入社会,处理关系,进行观念上的整合,进行了行动前的准备。

① 董璐编著:《传播学核心理论与概念》,北京大学出版社,2008年,第1—2页。
② [美国]乔治·赫伯特·米德:《心灵、自我和社会》,霍桂恒译,北京联合出版公司,2014年,第155页。

竹帛《五行》有言："闻君子道，聪也。闻而知之，圣也；圣人知天道｛也｝。"① 圣与天道相通，圣乃是德性之最高层次。"德之行五，和谓之德；四行和，谓之善。善，人道也；德，天道也。"② 仁义礼智称为"四行"，而"四行"总称为"善"；而只有圣与四行相和，方可称得上"德"，这种"德"就具有本体意义，即天道。因此，天道是慎独的终极依据。在天道的感召下，生发出仁义礼智圣，所以继之，成之，开启自我成就的历程。

值得强调的是，"慎独"的功夫，不是要求自我迷恋于仁义之中，以至于忽视意义的总源头——天。而是要明白"慎独"追求的目标是"天人合一"，亦即儒家常常强调的"为一"的贯通功夫，即将天道内在化为人道的过程，也可以说是究天人之际，通古今之变。

儒家何以如此重视"一"，当源于儒家五经之一《尚书》的十六字心法："人心惟危，道心惟微，惟精惟一，允执厥中。"这个舜授禹的治世心法，核心在于"执中"，力求中正。何以需要如此作为？原因还在于人有二心——人心与道心，而二心说到底是有公与私的矛盾。如何平衡公私关系，正是执政之要。执政，说到底是以道心管制人心，实现二心归一心——天心。不过，治世在儒家看来，当从修身始。这个修身当然要求君王首先垂范。而修身无论君王还是个人，要义还在于道通为一，一以御多。《荀子·儒效》曰："曷谓一？曰执神而固。……神固之谓圣人。"③ "一"的功夫在于专注于神，于己。《荀子·性恶》："专心于一志，思索熟察，加日县久，积善而不息，则通于神明，参于天地矣。"④ 持久于一，则能通神明。其实，就是强调会有奇效。儒家追求道心人心"为一"的过程，正是慎独内向传播活动

---

① 庞朴：《竹帛〈五行〉篇校注及研究》，万卷楼图书有限公司，2000年，第63页。
② 同上，第29页。
③ 安继民注译：《荀子》，中州古籍出版社，2008年，第109页。
④ 同上，第388页。

的过程。这个过程是作为向圣人境界行进中的主体自觉将天的神圣性内化为自身的最高的道德律令，在心升腾起惩忿制欲的心理势能，进而在心灵深处营造出当下自我（"主我"）与天（命）及其一般化的他者（圣贤）为表现形态的"客我"间对话的张力，推动着自我的境界升华，亦即以圣化俗，超凡入圣的过程。可见，儒家"慎独"内向传播的参照系是永恒的天道及其代言人——圣贤，自我在带有泛宗教信仰色彩的天命精神感召下去超越自我，并期待成为安邦定国的圣人，体现出"内圣"开出"外王"的内向传播效果。而西方内向传播的参照系是当下社会的价值规范，要求自我在人文主义（如公平正义）原则要求下，来督促自己服从社会规矩，并借以体现出作为公民的尊严，最终呈现出社会井然有序的效果。

米德明确指出"姿态是该动作中造成它对其他个体的影响的那个方面。"[1]"它（姿态）可以成为一种情绪的表达，以后还可以变成一种意义、一种思想的表达"[2]。其实，正是自我促进一次次"姿态"的形成，并在互动中不断变换"姿态"，以维持互动的进行。"客我"是历史与社会对自我认知所形成的应然的"自我"，也包括前一秒钟之前的"主我"，即由主我转化而来的客我。"一秒钟之前的你也就是现在的'客我'的'主我'。"[3]从这个意义上讲，"主我"既导致"客我"又对它做出反应。而"客我"成为"主我"意识的内容与对象，而"主我"又在不断地成为自我意识的内容与对象，即成为"客我"。这个过程正是主要将原有信息和新认知的信息进行整合，从而不断丰富自我，提升自我加工"客我"信息的能力与效率，使自我在"主我"与"客我"的互动中不断升华，当然也可能堕落。总之，"客我"具有理想性、自

---

[1]　[美国]乔治·赫伯特·米德：《心灵、自我和社会》，霍桂恒译，北京联合出版公司，2014年，第191页。

[2]　同上，第39页。

[3]　丁东红选编：《米德文选》，社会科学文献出版社，2009年，第82页。

在性，反身性。慎独是自我意识的凸显。没有自我，何来慎独？慎独显然是儒家加强自我意识，去私立公的过程和手段。慎独从直观来看，是功夫，亦即不断地督促自我，从而生成以圣贤境界之崇高反衬俗我之卑贱的"姿态"，推动着内向传播活动的进行，并不断以最新的成果为基础，巩固与推进更深层次的自我心灵革命。此外，从长远上讲，"慎独"如果没有本体指导，是难以为继的，当然，没功夫落实的本体是虚妄的。正是从这个意义上看，"慎独"存在的合理性前提是对儒家道德本体的认知与记忆。"慎独"的功夫就体现上对本体的不断感悟，不断生萌催发理性自觉，形成道德感召力和执行力。这才是"慎独"能够不断进行的原动力所在。

如上所言，慎独是体用一体的。亦即儒家的"慎独"观以"为一"彰显出贯通自我的指向。程颐亦曾表达其对"一"的见解："或问敬。子曰：'主一之谓敬。''何谓一？'子曰：'无适之谓一。''何以能见一而主之？'子曰：'齐庄整救，其心存焉。涵养纯熟，其理著矣。'"①其实，慎有"敬"之意，常称"敬慎"。而且"慎"还有慎始慎终，表里如一之谓，这都表明，慎是要"为一"，要收敛自我身心，不敢放肆。儒家"慎独"论中"为一"指向的价值在于明确了自我意识在解析内在结构中俗我（主我）与圣我（客我）的差异，进而努力通过自我互动的内在传播过程，促使自我超凡入圣。亦即实现了圣对俗的全面消解，让天理的光辉照亮自我的心灵，从而使自己成为一个脱离低级趣味的，一个高尚的、纯粹的、道德与能力都超群的圣人。

---

① 《二程集》第四册《河南程氏粹言》卷一，中华书局，1981年，第1173页。

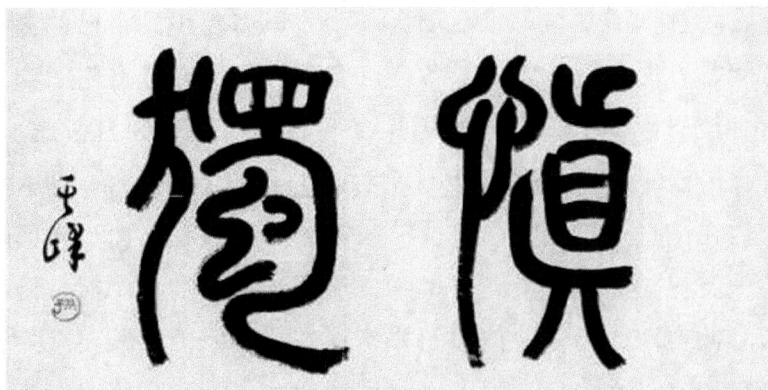

图 2：慎独

第二节　慎独:《中庸》寻求突破自我的独特范式

"慎独"观念是儒家心性修养的重要方式，它折射出儒家看待处理人自身灵与肉的关系，人际关系，人与物关系的基本取向，那就是通过调控自我心灵与意识，发挥出自己最大的能力与水平，以自我为同心圆，推己及人地促进一切关系的和谐，使个人价值的实现以对社会无害而有益的方式实现共赢，这也正是和合思想的体现。

一、慎独：儒家超凡入圣之进阶

"慎独"在儒家修养中具有独特的地位。刘宗周在《圣学宗要》中认为，"孔门之学，其精者见于《中庸》一书，而'慎独'二字最为居要，即《太极图说》之张本也，乃知圣贤千言万语，说功夫说本体，总不离慎独二字。独即天命之性所藏精处，而慎独即尽性之学。"① 刘氏将"慎独"视为孔门"尽性之学"，且视功夫与本体为一。"慎独"之于儒学大有纲举目张之作用。慎独是儒家超凡入圣，实现自我突破的方法与路径，其精神修持正是内向传播的表现形式。"自我传播实质

_____

① 《圣学宗要》，《刘宗周全集》第 2 册，浙江古籍出版社，2007 年版，第 301—303 页。

上是个人的意识活动与思维活动。一个人只要意识到自己的存在，只要思考问题，便在进行着各式各样的自我传播。在日常生活中的，我们常常'沉思默想'、'自言自语'、'暗自思忖'、'独自考虑'，这些都是自我传播的过程。"① 此为日常温和的内向传播形式，即人将外在信息与内在信息进行选择、整合、决策的系列过程。而当人面对情感与理智、灵魂与肉体、崇高与卑贱、道德与本能的抉择时，便出现激烈的内心冲突，此为内向传播的非常形态。儒家慎独既要求"吾日三省吾身"的时时修为，又要求面对生死存亡、成败荣辱之时激发"舍身取义"的道德觉悟。正因如此，从先秦到明清，儒家不断演绎"慎独"之说，以教化世人，培养君子。有学者就认为："就儒家慎独说而言，汉、唐学者所看到的恭谨自持，不欺暗室，只能是修养论的意涵；而先秦儒者所解读的谨慎于内心的独一不二，宋明儒所倡言的谨慎于人所不知而己独知之地，则都具有功夫论的意蕴。"② 本章着重以先秦"慎独"说为核心展开论述，我们发现其内涵十分丰富。

诚然，慎独是儒家心性之学的核心概念之一，它本身是修养功夫与心性本性的统一，慎即修养功夫，亦指道德情感，是本体召唤下的自觉；独即心性本体，是至善的天理。独，即心，即性，即理，即天，即道，独一无二，独步天下。梁涛分析认为"在先秦典籍中'独'往往指'舍体'，也即是内在的意志、意念，慎独的'独'即是在这个含义下使用的，慎独即诚其意。……故作为一种修养方法，慎独强调首先要端正内在意志、意念，从根本上、源头上杜绝不善行为的出现，反映了儒家重视'内省'一派的思想。"③ 我们深知"内省"是内向传播活动的一种形式。它以自己为对象，不断地去认知自己，改造自己，

① 董天策：《传播学导论》，四川大学出版社，1995年，第101—102页。
② 戴琏璋：《儒家"慎独"说的解读》，梁涛、斯云龙编：《出土文献与君子慎独——慎独问题讨论集》，漓江出版社，2012年，第106页。
③ 梁涛：《朱熹对'慎独'的误读及其在经学诠释中的意义》，梁涛、斯云龙编：《出土文献与君子慎独——慎独问题讨论集》，漓江出版社，2012年，第122页。

最终完善自己,使自己成为理想的圣人,至少成为君子。

二、慎独:以"为己"的方式"为人"

明代刘宗周诠释说:"独者,心极也"。独是心灵境界最为极致的状态,亦即最为纯粹精诚的状态。唯有这种状态,主体(圣人)才能具有人格的感召力,带领百姓共入圣境,共创大同社会。王中江就明确强调:"所谓'慎独'或'慎其独',就是持守或牢固地保持自我的道德本性和本心。"① 我们可以从人所处的三个层次有关系加以深入分析:其一,身心关系。在这个关系上,注意以心治身。"慎独"强调的是主体的能动性与主动性,自为性与反身性。身体具有好逸恶劳的本能,放任它,就走向堕落。唯有以一颗正心,首先是社会的伦理规范来牵制住欲望,进而以高尚圣人的气象来感化,抚慰蠢蠢欲动的本我,以坚定的道德信仰来化解重索取贪欲,转向重奉献的自豪。其二,群己关系。儒家要求自己无条件地对他人与社会确立起道德自觉和道德责任。以库利的"镜中我"理论为参照,儒家力争树立自己的光辉形象,为此他很在意自己在他者心中的印象,因此日常生活中求究遵循非礼勿言,非礼勿视等原则,以此自律。进一来说,儒家也在乎社会对自己的评价,讲究自己的口碑和声誉,为此在行动中他"以和为贵"告诫自己,来实施忍让、谦让等行为。而这样做的目标,是期望能够产生内心无愧坦荡的良好感觉。其三,人与自然关系。强调人要在万物面前树立道德人格和道德表率。一方面强调人与万物之间是"民胞物与"的关系;另一方面人与人之间通过万物产生"主体间性"关系。比如保护生态,也是保护他人。"'慎独论'恰恰是以人的内在本性为基础来要求'尽性尽心'和'诚心诚意'。作为修身论和功夫论,慎独是以高度关注内在自我的'内观'和'内省'为特征的,它有意识地

① 王中江:《早期儒家的'慎独'新论》,梁涛、斯云龙编《出土文献与君子慎独——慎独问题讨论集》,漓江出版社,2012年,第179页。

积极主动地超越外在性的形式，使之对'自我'的终极关怀体现为确证自我内在道德本性的'内在超越'，体现为以'道德理想'和'道德价值'来无限地扩展'自我'的不息过程，从而把孔子的'为己之学'发展为实现自我内在道德本性（'守独'）的精神修炼之学。"①

　　相比较而言，西方的内向传播思想根植于其公民意识，强调的是对社会规范的遵循，强调的是必须；而中国儒家的内向传播思想根植于圣人意识（君子意识），强调的内省，强调的是应该。西方的内向传播活动关注的是个体的社会活动效果；而儒家内向传播侧重的是个体的人格境界，因为内圣才能开出外王。正由于儒家更具有集体主义倾向，其修身不仅仅是为了个人的成功，而是为了天下的安宁，而天下的安宁正是个人的真正、终极的成功。西方更具有个人主义倾向，强调的是个人如何合理正当地利用社会资源，获取个人的成功。当然，我们也应当看到儒家较道家而言因其更多地具有入世情怀，也与西方内向传播具有更强的共通性。比如，儒家的慎独这种修身意识是为了平天下这一理想目标，即具有强调的社会取向。这与西方内向传播的社会取向是一致的。而道家则不然，道家排斥社会的价值约束，追求的是人性的逍遥自由，讲究个性的舒展与解放。

　　总而言之，儒家的内向传播更具责任意识，即个人对社会的责任与担当，而西方的内向传播更具权利意识，即保护国家赋予个人的权力，遵循应有的义务，维护个人与国家社会的平衡。归结而言，儒家的内向传播范式是以天下苍生为念，自觉提升自己的道德境界与经世能力，并且在社会实践中不断地涵养自己的德性，即以慎独这种"求诸己"方式为日常行为范式，以"泛爱众"为情感指向，以天下大同为终身追求目标，最终实现成圣与天下治的和谐统一。其实，儒家"慎独"观念是一种对自我的期许，这种诉求有如米德所提的"角色扮

---

① 同上，第185页。

演"，就是"自我个体像对其他人行事那样社会性地对他自己"。① 具体说来，儒家圣人自觉地把自己置于社会情境之中，无论他是与他人在一起，还是独处，他都警惕自我个体欲求的泛滥，因为那样既会伤害他人，同时也伤害到自己的德性。儒家始终把社会性当成考验自己的试验场，哪怕他独处的时候也是如此。从这个意义上讲，儒家是具有极强的自我观，致力于保持一个完善自足的自我，是自我同一，而不是人格分裂。此时，自我有着类似高峰体验的精神满足，这种精神满足促使自我约束自我。因此，慎独的状态其实是"个体感到自己是独一无二的、拥有充分的心理稳定性的、不因内部或外部变化而改变的整体"。②

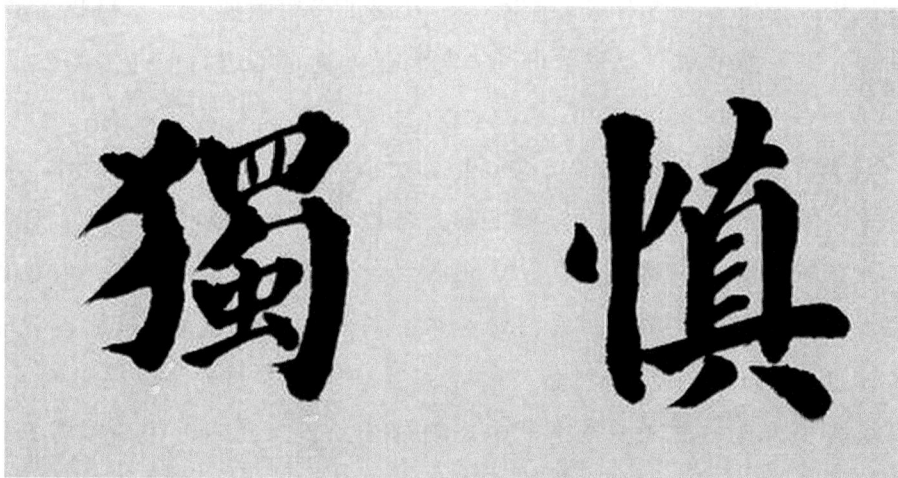

图 3：慎独书法

---

① E·M·罗杰斯：《传播学史》，殷晓蓉译，上海译文出版社，2005 年，第 146 页。
② 维蕾娜·卡斯特：《依然故我》，刘沁卉译国际文化出版公司，2008 年，第 87 页。

第三节　诚意、慎心、慎德、中和：
《中庸》"慎独"观念的意义演变

上文已言，慎独是一种内向传播形态，这里以先秦儒家典籍所呈现的"慎独"文本为诠释对象，力求展现"慎独"内向传播活动的多维面向。

一、荀子以"诚意"明"慎独"，注重自我意识审查

"自我认知是我们对自己的思想、感觉、偏好和信仰等的理解。"[①]诚意正是一种自我认知，意在提升自我调控能力，不为外在诱惑所迷。将自我意识作为审查对象，这就等于开启了布鲁默所提出"自我互动"机制，即人能够对自己采取行动，与自己沟通，即进行内向传播。

《荀子·不苟》曰："君子养心莫善于诚，致诚则无它事矣。唯仁之为守，唯义之为行，诚心守仁则形，形则神，神则能化矣。诚心行义则理，理则明，明则能变矣。变化代兴，谓之天德。天不言而人推其高焉，地不言而人推其厚矣，四时不言而百姓期焉。夫此有常，以至其诚者也。君子至德，嘿然而喻，未施而亲，不怒而威。夫此顺命，以慎其独者也。善之为道者，不诚则不独，不独则不形，不形则虽作于心，见于色，出于言，民犹若未从也，虽从必疑。天地为大矣，不诚则不能化万物。圣人为知矣，不诚不能化万民。……夫诚者，君子之所守也，而政事之本也。……操而得之则轻，轻则独行，独行而不舍，则济矣。济而材尽，长迁而不反其初，则化矣。"[②]

---

① 托马斯·吉洛维奇，达彻尔·凯尔特纳，理查德·尼斯比特.吉洛维奇：《社会学能力学》，周晓虹，秦晨等译，中国人民大学出版社，2009年，第116页。

② 安继民注译：《荀子》，中州古籍出版社，2008年，第26—27页。

围绕"慎独"的观念体系,《荀子》提出"不诚不独"观点,意指"诚"(诚意)是"独"的必要条件。诚在于精诚纯粹,是杂糅的反面。在荀子看来,"至诚"是精神世界(守仁行义)与物质世界(天地四时)"变化代兴"背后的动力机制,亦即天德,天命。君子至德(至诚)乃是顺应天命,自然的感召,从而启动了内在"慎其独"的运作机制。此"独"者,形容独立纯粹精神状态也,意在做回真正的自我,即"不器"的君子。只有"独立"(形式上,独立不群,内容上精诚纯粹)方可"生生",即"形"。从天地自然来看,不诚不独不能化万物;从社会治理来看,不诚不独不能化万民。因此,守诚则诸事轻而易举,独行而无过无不及,久而久之,则反本开初。要言之,至诚,守诚,方理顺内向传播活动,才有"卷之退藏于密,放之弥于六合"之化境。可以说,《荀子》以"意"释"独",强调了"独"的纯粹不杂之本性。明代王栋曰:"诚意功夫在'慎独'。'独'即'意'之别名,'慎'即'诚'之用力者耳。'意'是心之主宰。"[1] 王氏正是将"慎独"理解为"诚意",即在"慎独"的内向传播过程解释为"意"之"诚"的持续进程。

如此看来,荀子"所谓'君子慎其独'就是要摒弃心中的固执和成见,廓清混乱的情绪和意向,'虚壹而静',保持心的澄明状态,直面事物本身,不以自己固有的偏见去揣度他人的想法,强求他人,只有这样才能真正消除自我与他人之间的隔阂,实现忠恕之道。"[2]

二、简帛《五行》以"慎心"释"慎独",突出内心意义的整合

马王堆帛书《五行》篇的出土,引发学术对"慎独"说的热烈探讨。独即独一无二之意,与多相区别。慎独是要做到"一心",防止

---

① 黄宗羲:《明儒学案》,中华书局,1985年,第734页。

② 罗久:《先秦儒家"慎独"观念的思想史探析》,《聊城大学学报》(哲学社会科学版),2011年第1期。

因多而分心。而且只有一心方可通达天道（德）。米德说得好，"心灵是行动，是使用符号去指导符号通向自我的行动。"① 慎心就是一种行动，有类于王阳明所言"行之明觉精察处，便是知；知之真切笃实处，便是行"②。这个"行动"便是内在传播。布鲁默就认为人在沉思默想时使用的是内部语言，一种标识个人独特感受的私人语言。个人借助"有意义的象征符"，用一些符号对另一些符号进行选择、检查、中止，重组，这正是意义的处理过程，亦即内心对话过程。

帛书《五行》原文如下：

经 7 "淑人君子，其宜（仪）一兮（也）。"能为一然后能为君子，[君子] 慎其独也。

……能差池其羽然后能至哀，君子慎其独也。

说 7 "〈淑人君子〉，其□□□〈仪一兮〉。"□〈淑〉人者□，□〈仪〉者义也。言其所以行之义之一心也。

"能为一然后能为君子"，能为一者，言能以多为一；以多为一也者，方能以夫五为一也。

"君子慎其独"。慎其独也者，方舍夫五而慎其心之谓□。□〈独〉然后一，一也者，夫五〈夫〉为□心也，然后德〈得〉之。一也，乃德已。德犹天也，天乃德已。

"能差池其羽然后能至哀"。言至也。差池者，言不在衰绖；不在衰绖也，然后能至哀。夫丧，正经修领而哀杀矣。言至内者不在外也，是之谓独。独也者，舍体也。

经说 8 "君子之为德也，有与始无与终"。有与始者，言与其体始；

————

① Charon J. *Symbolic Interactionism：An Introduction, an Interpretation, an Integration 3rd ed.* N. J.：Prentice Hall，1989：64. 转引自许莉娅主编：《学校社会工作》，高等教育出版社，2009 年，第 45 页.

② （明）王阳明：《王阳明全集》，线装书局，2013 年，第 306 页。

无与终者，言舍其体而独其心也。①

帛书《五行》第一次对"慎独"加以解释，为后人廓清了困扰"慎独"之意上的迷雾。《五行》篇重在将"独"简化为以多为一，进而言之，以五为一的功夫，是动词。而"慎其独也者，方舍夫五而慎其心之谓□"，明确强调"独"运作的要求在于"慎其心"，换句话说，独所以加以"慎"，意在指引世人"独"即一心的过程与状态（结果），所以接着说"□〈独〉然后一，一也者，夫五〈夫〉为□心也，然后德〈得〉之。"因为仁义礼智圣五行归根结底不是五心，而一心。庞朴注："独，内心专注也。"②

丁四新认为"简帛书所谓'慎独'谓慎心，'独'指心君，与耳目鼻口四肢相对，心君是身体诸器官的绝对主宰，具有至尊无上的独贵地位"③。诚然，帛书《五行》有言："耳目鼻口手足六者，心之役也。……[心]也者，悦仁义者也。"接着阐明"心贵"是因为心是人体之大者，而耳目等六者是人体之小者，心处于"君"位。六者只有"和于仁义"则心与之同善。因此，《五行》又引《诗经·大雅·大明》"上帝临汝，毋贰尔心"，强调心与耳目等六者的统一、一致。宋人蔡沈解释得很好："心者，人之知觉，主于中而应于外者也。指其发于形气者而言，则谓之人心；指其发于义理者而言，则谓之道心。人心易私而难公，故危；道心难明而易昧，故微。惟能'精'以察之，而不杂形气之私，'一'以守之，而纯乎义理之正，道心常为之主，而人心听命焉，则危者安，微者著，动静云为，自无'过'、'不及'之差，而信能执其中矣。"④守一是执中的关键。说到底是人心对道心的"同"

① 庞朴：《帛书五行篇研究》，齐鲁书社，1988年，第51—52页。
② 同上，第53页。
③ 丁四新：《简帛〈五行〉"慎独"思想略论》，梁涛、斯云龙编：《出土文献与君子慎独——慎独问题讨论集》，漓江出版社，2012年，第29页。
④ 蔡沈：《书经集传》，《虞舜大典·古文献卷》（上），岳麓书社2009年，第200—201页。

（认同、服从），因为道心居于义理之正，"一"是保持纯净的过程及其结果。朱熹亦曰："一则守其本心之正而不离也。"[①]

正是从这个意义上讲，独是一个舍多归一的过程，舍现象探本质的过程。因此，"独也者，舍体也"。体，自我也。舍体，超越自我，与天合德。"德犹天也，天乃德已。"这里的解释颇有道家本体论意谓。老子曰："道生一"，"道生之，德蓄之"，因此其中内含有"德"为"一"的思想。《五行》则明确指出"一也，乃德已"。且这个德不是人道之德，是天道之德。《五行》开篇明言："德之行五，和谓之德……德，天道也。"《德圣》篇亦曰："和谓之德，其要谓之一，其爱（？）谓之天"。不过，值得注意的是"舍体"之舍，有可能意思是以体为舍，即"独"舍居于体内，即为一心。《管子·心术上》认为："心之在体，君之位也"，"德者，道之舍""以无为之谓道，舍之之谓德"[②]。示人勿于体外去找"独"。

独为心体，心为独用。独为隐，心为显。独一定程度上可以释为心，但心不就是独。心只是"独"的灵能，不是思虑之官，是精神之思。这一点《说苑·反质》中所引的一段文字体现的意思相一致："传曰：鸤鸠之所以养七子者，一心也；君子之所理万物者，一仪也。以一仪理物，天心也。五者不离，合而为一，谓之天心，在我能因，自深结其意于一。"如庞朴所言"一心""为一"皆慎独义[③]。

《五行》篇开篇对儒家提倡的五种德性做了内与外的区分：

仁，形于内谓之德之行，不行于内谓之行；义，形于内谓之德之行，不行于内谓之行；礼，形于内谓之德之行，不行于内谓之行；智，形于内谓之德之行，不行于内谓之行；圣，形于内谓之德之行，不行

---

① 朱熹：《四书章句集注》，中华书局，1983年，第14页。

② 戴望：《管子校正》，《诸子集成》第5册，中华书局，1954年，第215页。

③ 庞朴：《竹帛〈五行〉篇校注及研究》，万卷楼图书有限公司，2000年，第41页。

于内谓之行。①

《五行》篇区别了德之行与行具有重要的学术价值与社会价值。没有内心德性支撑的行为，称为"行"，反之，则称为"德之行"。其意思内含，有其德必有其行，而有其行则未必有德。那么既然"德行"不是自然而然出现的，且关键在于"内"（心），因此，主体不可不慎。思孟学派"所谓'慎独'就是慎心、慎所以感、顺乎自己的善良本性而诚其意毋自欺的意思。只有这样我们的行动才能真正合乎道德，成为一个有德性的人。这一理论是建立在感应思维或曰联系性宇宙观的基础之上的，它的基本信念是相信天与人之间具有连续性，人通过与万物的感应，效法自然，顺应天道而成人道，使自己的本心保持清明的状态就可以实现天人合一。"②思孟学派强调的是德性之知。类似于康德的道德律令。慎心的"为一"指向明确阐明了修心的过程性和目标性。其过程性强调的是内向传播以"一"为原则加以调控，以一摄多。天德为一，仁义礼智圣为多；其目标性是内向传播以达到"一"为目的，多归于一。仁义礼智圣的分别心收拢起来，化解整合为一心，即道心。此外，值得注意的是，《五行》所言的"慎独"的情境是以礼的运作为背景的，此处以"丧礼"为例，或辐射所有的礼仪。相对于礼仪的外在，"慎独"则关注的是内在。内心不哀，礼亦何用？在这个意义上与下文《礼器》所言是一致。

三、《礼记·礼器》以"慎德"释"慎独"，强调自我意识的内外贯通性

《说文解字》注"独"为"犬相得而斗也。"由犬性好胜而落单的

---

① 庞朴：《帛书五行篇研究》，齐鲁书社，1988 年，第 25 页。
② 罗久：《先秦儒家"慎独"观念的思想史探析》，《聊城大学学报（哲学社会科学版）》，2011 年第 1 期。

基本义出发，"独"的含义就被引申至"单个，单独"。段玉裁注曰：
"犬好斗。好斗则独而不群。引伸假借之为专一之称。"《正字通·犬
部》："独，猨类。似猿而稍大。猨性群，独性特。"[①]进而引伸为"独
特"意。可见，"独"在基本意上是贬义的。如《尚书·泰誓》说道：
"独夫受洪惟作威，乃汝世仇。""独夫"特指的是商纣。"言独夫，失
君道也。大作威杀无辜，乃是汝累世之仇，明不可不诛。"[②]这里的
"独"当指残暴，专横，如恶犬之态。这种贬义其实为后世将其转向反
面的褒义词留下了伏笔。例如，《论语·里仁》有曰："德不孤，必有
邻"。或许正是"独"不德的危害，迫使先秦思想家们思考如何把"独"
的外在呈现出的"凶"义，即去"毒"的过程，使之转化为一个内在
化的"德目"。比如帛书《五行》曰"言至内者不在外也，是之谓独。"
这里该书强调由外在丧服的过分关注转向根本丧礼的本质——内心的
至哀。而"独"便是原先外在的"孤寡不毂"而陷于孤立，转到《道
德经》倡导的侯王以自谦之词，同样的"孤寡不毂"此时便是去"毒"
了。同样，"独"在"慎独"中，即由于有了"慎"（真），如同侯王虽
位高权重依然自称"孤寡不毂"，体现了一种自我问责的姿态。这一点
在《礼记·礼器》[③]则更直接明了地指出了：

礼之以多为贵者，以其外心者也；德发扬，诩万物，大理物博，如
此，则得不以多为贵乎？故君子乐其发也。

礼之以少为贵者，以其内心者也。德产之致也精微，观天下之物无
可以称其德者，如此则得不以少为贵乎？是故君子慎其独也。

古之圣人，内之为尊，外之为乐，少之为贵，多之为美。是故先王

① 张自烈、廖文英：《正字通》，北京：中国工人出版社，1996年，第666页。
② 何休：《尚书正义》，北京大学出版社，1983年，第280页。
③ "撰写时间在战国中期，《孟子》成书以前。"王锷：《〈礼记·礼器〉的成篇年代考》，
《古籍整理研究学刊》，2007年第5期。

之制礼也，不可多也，不可寡也，唯其称也。[①]

　　《礼记》这里强调的礼之"称"，无论礼的多少都是德的表现，这才是礼的根本要义。"多"则强调"德"的发扬，广布与至世之赞美；而"少"强调德的萌生处之精微与纯粹，自然不可不慎，不可不区分清楚。可见此处的"慎其独"，是"慎德"。具体说来是"君子之于礼也，有所竭情尽慎，致其敬而诚若。"(《礼器》)君子是践礼履德的模范。他内心对情的竭尽，对慎的尽心，对敬的追求而致至诚的境界。此所谓孔颖达《礼记正义》疏解所言:"是故君子慎其独也者，独，少也。既外迹应少，故君子用少而极敬慎也。"其意思是要从"少"入手，减少对外的牵绊，而用心于"敬慎"，是为要义。最早提出"社会自我"概念的美国心理学家创始人威廉·詹姆斯(William James，1842—1910)深刻地指出，人类有将自己当作客体，进而对自己加以认知与评价的能力，对此，他打了一个很恰当的比方:"自我是一本书，同时也是这本书的读者；这本书充满着长期累积下来的引人入胜的内容，而这本书的读者则是一位在任何时刻都能自由读取章节、任意增添章节的人。"[②]慎独的过程，如同翻书的过程，而翻书的过程是个汲取与对照的过程，即主体将自我投射到书中去，反思自己是否与应然的礼仪有所偏离，是否自己的念想合乎道义，只有做到相符，便是德必不亏，亦即真实准确表达了对祖先的敬意。

　　以"慎德"释"慎独"，其实，是在将"独"之虚落实为"德"之实，也就是说，慎独乃养德(与天合德)的过程，人道的德乃是天道的德的体现(落脚点)，因此，礼便成为规范自我的，以体现与含蓄德

---

① 孙希旦:《礼记集解》(上)，中华书局，1989年，第644—645页。

② Elliot Aronson/Timothy D. Wilson/Robin M. Akert.《社会心理学》.侯玉波等译，中国轻工业出版社，2007年，第111页。

性的基本路径。《逸周书·程典》："思人慎德，德开，开乃无患。"[1] 这里的"慎德"主要从为政以德的要求来说的。而德正是由内而外的开发过程。韩愈就曾在《原道》中说："足乎己无待于外之谓德。"孙希旦亦言："慎其独者，由外而约之于内，自义理之文，而归极于忠信之本也。"[2] 他们强调主体当追求内在德性的自足圆满。

以"慎德"释"慎独"，以德的关系判断，彰显了"独"的内向传播蕴藏着的关系指向，具有开显出社会功用倾向。从一定意义上讲，只有"慎独"，方能体现出内德与外德合而为一的"慎德"了。

四、《中庸》《大学》以"中和"释"慎独"

或许我们可以认为"慎独"有内向与外化两大进路，以内向保外化，以外化促内向。《中庸》《大学》中的"慎独"观正是这种内外交融，本体与功夫合一的体现。《大学》《中庸》历来被认为是思孟学派的作品。而近年来出土的郭店楚简以及上博所藏的楚竹书，引发学者对思孟学派性情论的关注。例如《性自命出》有言："道始于情，情生于性。""信，情之方也。情出于性。"[3]《语从二》："情生于性，礼生于情。"[4]

实际上，"人类的自我意识是他最高品质的根源。它构成了人类区分'我'与世界这种能力的基础。它给予了人类留住时间的能力，这仅仅是一种超脱于当前，想象昨天或后天的自己的能力。因此，人类能够从过去中进行学习，并为将来作出计划。因此，人类之所以是一种历史性的哺乳动物，是因为他能够站到一边，审视他的历史；因此他能够影响他自己作为一个人的发展，并且他还能够在较小的程度上

---

① 黄怀信：《逸周书校补注释》，三秦出版社，2006年，第75页。
② 孙希旦：《礼记集解》（上），中华书局，1989年，第645页。
③ 荆门市博物馆编：《郭店楚墓竹简·性自命出》，文物出版社，1998年，第179、180页。
④ 荆门市博物馆编：《郭店楚墓竹简·语丛二》，文物出版社，1998年，第203页。

影响作为整体的民族和社会的历史进程。自我意识的能力还构成了人类使用符号这一能力的基础……使得我们能够像他人看待我们那样来看待自己,并能够对他人进行移情……实现这些潜能就是成为一个人"。① 对儒家而言,"慎独"正是人成为人的尊严所在。能否做到"慎独"是人与禽兽的最根本分野处。人会对自己提出要求,对儒家而言"慎独"这一要求,是基于崇高的大同之世的道德理想,倡导个体通过自觉地自我省视,保持一个高尚的正人君子,从而为和谐世界的来临创造文化心理基础。而《大学》《中庸》中的"慎独"说到底正是力求通过这种对社会责任的强烈感召,进而以圣人人格作为效法原型,不断对进行自我心灵对话,化解俗人底下的私,进入大公无私的理想境界。这了这一境界方可相应地具备治世的能力。

(一)《中庸》"慎几独处"的"慎独"功夫观

《中庸》曰:"天命之谓性,率性之谓道,修道之谓教。道也者,不可须臾离也,可离,非道也。是故君子戒慎乎其所不睹,恐惧乎其所不闻。莫见乎隐,莫显乎微,故君子慎其独也。喜怒哀乐之未发谓之中,发而皆中节谓之和。中也者,天下之大本也;和也者,天下之达道也。致中和,天地位焉,万物育焉。"②

《中庸》所言的"慎独"其内涵显然包括"君子戒慎乎其所不睹,恐惧乎其所不闻","莫见乎隐,莫显乎微"。相应地,后面明确指出"慎独"的对象是喜怒哀乐这些情感。这样使"慎独"功夫有了着手处。对这一点的认识,杨少涵博士的新作《中庸原论》将情分为"道德情感"和"感性情感",类似于道情与人情。道德情感是道德本体(天命之性)的呈现方式,亦是道德本体的本质内涵与内在动力。道德

---

① 罗洛·梅:《人的自我寻求》,郭本禹,方红译,中国人民大学出版社,2008年,第85—86页。

② 朱熹:《四书章句集注》,中华书局,1983年,第17—18页。

情感发而无不中节，无过无不及，感性情感源于气质之性，发则有不中节、有过有不及，因其出于感性需求，又以满足感性需求为目的。于是，作为功夫的"慎独"就包含针对道德情感的先天工夫、针对感性情感的后天功夫。[①] 不闻、不睹未发之际的道德情感（本体）状态称为"中"，而已发且中节的状态称为"和"。"慎独"相应也包括对"道德情感"的保护和对"感性情感"的看护。

　　后世儒者对此皆有发挥。徐幹有言："人情之所简也，存乎幽微；人情之所忽也，存乎孤独。夫幽微者，显之原也；孤独者，见之端也。胡可简也，胡可忽也！是故君子敬孤独而慎幽微。虽在隐蔽，鬼神不得见其隙也。……处独之谓也。"[②] 显然，慎独的入手处在于从幽微孤独。幽微者是显现的源头，从源头把握，则不会小洞不补，大洞吃苦。孤独者，看见的发端，有其内必见于外。孤独之所作所为所思所想，必当显现于人前，因此不可轻忽。北齐刘昼的《刘子·慎独》遍举自然现象与社会楷模强调了"慎独"正当性。"荃荪孤植，不以岩隐而歇其芳；石泉潜流，不以涧幽而不清；人在暗密，岂以隐翳而回操？……居室如见宾，入虚如有人。故蘧瑗不以昏行变节；颜回不以夜浴改容；句践拘于石室，君臣之礼不替；冀缺不耕于坰野，夫妇之敬不亏。斯皆慎乎隐微，枕善而居，不以视之不见而移其心，听之不闻而变其情也。……暗昧之事，未有幽而不显；昏惑之行，无有隐而不彰。修操于明，行悖于幽，以人不知。若人不知，则鬼神知之；鬼神不知，则己知之。"[③] 总之，立身行事当以"善"为原则，以言行一致，内外一致为准则，以人知、鬼神知、己知为警戒。这是儒家的价值信念，故有"几"的观念。朱熹明言："'慎独'是察之于将然，以审其几。"在

　　① 杨少涵：《中庸原论》，中国社会科学文献出版社 2015 年，前言第 3—5 页。
　　② 徐湘霖：《中论校注》，巴蜀书社，2000 年，第 23 页。
　　③ （北齐）刘昼撰：《刘子集证》，王叔岷集证，"中央研究院"历史语言研究所，1961 年，第 22—23 页。

他看来"独者，人所不知而己所独知之地也。方幽暗之中，细微之事，迹虽未形而几则已动，人虽不知而己独知之……所以遏人欲于将萌，而不使其滋长于隐微之中，以至离道之远也。"①"几"的观念所以重要，它体现了"慎"的指向，同时，根据训诂学和古音韵学"同音相通"原则，"几"通于"机""己"，又可转化为"心"。②这样就突出了因其"独"，方能慎几知著。

借用库利的"镜中我"理论来看，《中庸》中的"慎独"强调了在独处时的自物谨慎，其实质则是以自己心中向往的"圣人"作为他者来审视自我，包括以下三方面：其一，对自己的行为可能给圣人造成的印象的知觉，体现为自我认知到与圣人的差异，以知耻近乎勇的态度去克服；其二，假设圣人就在身边，他会对自己行为作如何评价的知觉，有了这个知觉，他会省醒自己；其三，对身边现实生活中的他者（家人，同事或陌生人）直接评价自己的感觉，通常自我会视他人的评价视为客观，因此一定意义上也如前两方面的圣人功用。例如，世人评价他公正、清廉，为人谦和，处事得体，等等，如同今天说的口碑。

（二）《大学》"诚中形外"的"慎独"自律观

所谓诚其意者，毋自欺也。如恶恶臭，如好好色，此之谓自谦。故君子必慎其独也！小人闲居为不善，无所不至，见君子而后厌然，掩其不善而著其善。人之视己，如见其肺肝然，则何益矣？此谓诚于中，形于外，故君子必慎其独也。曾子曰："十目所视，十手所指，其严乎！"富润屋，德润身，心广体胖。故君子必诚其意。③

郑玄注曰："慎独者，慎其闲居之所为。"④此注当源于《大学》"小

---

① 朱熹：《四书章句集注》，中华书局，1983年，第18页。
② 郭继民：《"几"义发微》，《光明日报》，2016年6月13日，第16版。
③ 朱熹：《四书章句集注》，中华书局，1983年，第7页。
④ （汉）郑玄注，（唐）孔颖达等疏《礼记注疏》，艺文印书馆，1955年，第879页。

人闲居为不善,无所不至。"①《大学》所言的"慎独"是针对诚意而发言,要求"毋自欺",不违心,如同人"恶恶臭""好好色"一样,诚实,真诚地面对自己的意念。其实,道心人心都源于一心,慎独从根本上就是为了扭转人心易私难公的问题,力主呵护道心之公,化解人心之私,从而使两心归一心,并保持执中、守中的状态。方朝晖先生说得好"要求一个君子'慎独',也就是要求他认识到自己内心的真实好恶,并以这样的好恶作为自己的行为准绳,获得真正的行为动力,而不要人前一套、人后一套,总是容易背叛或否定自己,人生没有根基和稳定感。"②

《大学》"慎独"所观照的自我闲居行为,指出君子当以享受独处的自我修养的境界,而这正是不断宽广自我心灵的过程。从这个意义上讲,慎独本质上正是克服消除自我异化的过程,并把这一过程渲染为享受孤独的过程。科林·威尔逊有段精辟的论述可以跨越时代呼应这一见解:"可以肯定的是,每一个人都应该认识到由于要向更高层次迈进而体味到的异化意味着什么。这种异化往往是在取得更高层的自我控制的奋斗中不可避免的。佛曾经描述了自己早年为达悟而进行的奋斗:他进行比任何人都深刻的忏悔,生活得比任何人都粗糙,甚至吃牛粪,他还潜入野兽出没的深山老林来砥砺自己抗拒恐惧的意志。他这样奋斗都是因为他认识到自我控制越强大,所取得的自由也就越大,那些缺少自我控制的人也缺少真正的自由。真正的自由感是内心的自由,这就是我们的认识。"③

说到底,慎独就是要做回自己,做真正的自己,彰显自己的独立性与自我个性。"独",荻生徂徕在《中庸解》中认为"独者不对人之

---

① (汉)郑玄注,(唐)孔颖达等疏《礼记注疏》,艺文印书馆,1955年,第983页。

② 方朝晖:《儒家修真九讲》(第二版),清华大学出版社,2015年,第149页。

③ [英]科林·威尔逊:《另类人——对孤独感、创造力和现代头脑的经典研究》,胡兴译,经济日报出版社,2003年,中文版序,第14—15页。

辞"。"独者指己而言也，非为'人所不知而己所独知之地'。"（《大学解》）当代学者张丰乾也认为，"独指'内心的一以贯之和不偏不倚'，而非'内心的专一'。"① "独"正是自我的纯粹和纯粹的自我。从这个角度讲，"独"指代的是喜怒哀乐未发的状态。这一状态是不与外相接的圆满自足的状态，慎这个"独"是涵养此状态。提升心理势能，以便与外相接时能够能"中节"，能够"和"。李翱在《复性书》说道："慎其独者，守其中也。"②

　　心理学家詹姆斯首先将自我分为物质自我、社会自我、精神自我三种类型。而人的自我意识、自我评价相当程度上就是物质自我、社会自我、精神自我交流的结果。《大学》中的"慎独"讲究主体应当培育出"诚意"的心境，有此心境对恶衣恶食这一物质自我亦能泰然处之，如颜回那样自甘清贫。有些心境，对社会上对圣贤的期待与要求，就容易往自己身上要求，即所谓有则改之，无则加勉，体现了社会自我意义。有此心境，人就会高扬"精神自我"，弃绝名缰利锁的诱惑，生死祸福的考验，始终把大丈夫品格作为自己的品格来追求，富贵，威武，贫贱都不会让自己改变。总而言之，"慎独"之诚意内涵用今天的话来说，就是我意已决，绝不更改，为真理抛头颅，洒热血都是心甘情愿。

---

　　① 张丰乾：《"慎独"之说再考察——以训诂哲学的方法》，梁涛、斯云龙编：《出土文献与君子慎独——慎独问题讨论集》，漓江出版社，2012年，第156页。
　　② 北京大学哲学系中国哲学史教研室选注：《中国哲学史教学资料选辑》（上），中华书局，1981年，第508页。

第四节 《中庸》慎独观念对身心健康与
社会和谐的价值与意义

"慎独"在儒家的视界中，正是营造和谐身心的关键路径。试想如果人身心分离，形神不能相守，就会放浪形骸，尸位素餐，终将对自己、他人、社会造成伤害。

图4：慎独

一、以独求慎，以慎守独，身心健康

"慎独"中"独"固然重要，是"慎"的灵魂所在，没有"独"，"慎"就没有了目标与原则。"独"是道德本体，其作用开显为"心"，即意识活动。作为心性概念的"独"，是载道的自我，是大公无私、大正无妄，大明无昧的自我，即光明正大的自我。这样的自我是独一无二的；这样的自我是最潇洒、自由、自在的自我。这样的自我能够在自己心灵智慧光明的指引下，在合适的时间，合适的地点，对合适的人，做合适的事情，总而言之，是能以最恰当地方式做自己，成事业，德交归。刘宗周讲得明白："独者静之神，动之机也。动而无妄曰静，

慎之至也,是谓主静立极。"①

　　同时,值得注意的是"慎独"之"慎"固然需要"独"的引导,而"独"是潜在的,需要转化为当下的"意识",才能体现落实。从这个意义上讲,"慎"则是意识的发动者,操作者。没有"慎","独"无以下手处,便留于虚空。因此,"慎"当慎重对待之。"慎"反映了内心的自省。"慎"为何意,廖名春考证认为本义当为"心里珍重"。而《说文解字》:"慎,谨也。"也有释"慎"为"诚""顺""敬"②。且通常认为"真"是慎的本字,而"真,仙人变形而登天也。"(《说文解字》)可见,真对于仙人的成就是至关重要的,因此不可不慎。因"慎"而得"真",因"真"而显"慎"。刘贡南认为"在君子慎其独也"这一命题中,当把"慎"理解为"顺"时,是对"独"的顺应;当把"慎"理解为"思"时,是对"独"的认知;当把"慎"理解为"诚"时,是对"独"的一种功夫,即诚一不二,表里一致、始终如一的功夫,它既包括对独的顺应,也包括对独的认知,更包括对独的践行。③

　　可见,如何做回自我,呵护自我,正是通过"慎其独",即将应然的理想的"我"即"独",与当下的实然的有欠缺的"我",保护必要张力,以实现内心平衡的手段,正是"慎"。形象地说,"慎"如鸡抱丸,使之孵化的过程。"慎"的价值体现在"要进行有效地自我传播并不容易,但与自己进行开诚布公的自我传播不仅有利于自身心理健康,而且能为其他传播,尤其是人际传播打下良好的基础。"④

　　这样的"慎"是个不断超越的过程。也是个不断更新记忆的过程。其实,自我本身就是由记忆构成的。"通过记忆,'主我'才持续不断

---

① 刘宗周:《圣学宗要》,《刘宗周全集》第2册,浙江古籍出版社,2007年,第424页。
② 廖名春:《"慎"字本义及其文献释读》,梁涛、斯云龙编:《出土文献与君子慎独——慎独问题讨论集》,桂林:漓江出版社2012年,第71—82页。
③ 廖名春:《"慎独"本义新证》,梁涛、斯云龙编:《出土文献与君子慎独——慎独问题讨论集》,漓江出版社,2012年,第132页。
④ 陈力丹:《自我传播的渠道与方式》,《东南传播》,2015年第5期。

地在经验中呈现出来。我们可以直接回忆我们的经验的少数几个时刻，然后我们就可以通过诉诸记忆意象来回忆其他内容了，所以，'主我'在记忆中是作为一秒钟、一分钟，或者一天以前的自我的发言人而存在的。"①。而这个记忆既有自我记忆，也有社会记忆。有了自我记忆，才能认识到昨非而今是，也才会督促主我以客我为蓝本进行自我改造。而有了社会记忆或集体记忆，而自我有了前辈的榜样力量，更坚定了自我完善的热情与决心。儒家的历史观中建构了先有以尧舜作为行中庸、履慎独的楷模，后有孔孟及其后学"为仁由己"的苦心履践。他们的光辉形象本身就是"独"的代言，一次次召唤着主我开展内向传播，促进自我升华。

二、在"慎独"中健全心智，成就自我，服务社会

心理学史上曾经有过著名的"延迟满足"(delay of gratification)实验。该实验是 20 世纪 60 年代，美国斯坦福大学的心理学教授沃尔特·米歇尔在本校幼儿园设计的实验。实验核心是考察小孩在如果能够不马上吃掉棉花糖，实验结束后可再得一块棉花糖情况下的选择及其行为。并且二十年后继续跟踪调查，发现总体上当时能够做到延迟满足的孩子大多在自我情绪控制，人际沟通方面都表现出更强的能力，个人成就也比较高。因此"延迟满足""是指一种为了更有价值的长远结果而主动放弃即时满足的抉择取向，以及在延迟等待过程中展示的自我控制能力。"② 由此看来，"延迟满足"行为本身可以视为"慎独"的初级表现；"慎独"则是"延迟满足"的高级层次。因为它本质上是以未来成圣的高峰体验为目标，来加强对自我心理的控制。

---

① ［美国］乔治·赫伯特·米德：《心灵、自我和社会》，霍桂恒译，北京联合出版公司，2014 年，第 193 页。

② 余双好主编：《毕生发展心理学第 2 版》，武汉大学出版社，2013 年，第 282 页。

（一）"慎独"的内向传播形式具有类太极图和谐结构

如果我们把圣、诚、天（道）视为无极的状态，而把现实的自我如同太极中的两仪，白代表阳，黑代表阴，而白之黑则表明阳中亦有阴暗处，潜有破坏阳的力量；而黑中之白表明阴暗处也表一点光明，涵盖它，可以转代为阳。"慎独"的运作如同太极的分界线一样，守望着阴阳运动。这一点与《老子》书中所言"致虚极，守静笃；万物并作，吾以观复。夫物芸芸，各复归其根。归根曰静，静曰复命。复命曰常，知常曰明"（《道德经》第十六章）思想相通。"复"即具有圆形意象。太极的"黑中有白"与"白中有黑"可以分别理解为"消极性慎独"与"积极性慎独"。消极性慎独是他者不在场而表现出的在乎他者眼光的防御性意识。而积极性慎独当是以拒绝他者、超越他者而护持纯粹自己而产生的状态。①

人脑与地球都是两半球结构，呈现阴阳鱼对立统一和两半球阴阳属性差异。人脑结构与地球结构具有同构共振性，相互关联密切。而人通过"慎独"修为而进入的"知者不惑，仁者不忧，勇者不惧"（《论语·子罕》）境界，能够使脑电波处于理想的太极图状态。这种状态下的个体将发挥出人体潜在的巨大创造力。其实，古人天人合一、天人感应的思想，表达的意思无非也是人体这个巨系统，是小宇宙，与天地这个超大系统，大宇宙是开放相通的。而只有清静灵明的心灵才具备开启通达宇宙真谛门户的钥匙。《淮南子·精神训》有言："始终若环，莫得其论，此精神之所能登假于道也。"正是精神世界反复地进行自我对话，以对天道敬畏的姿态开展"慎独"，目的是使自己精神专一，达到天人互摄的全息之境。此时的我是真正的我，超脱了一切依伴的我，是最自由，最圆融的我。亦即找到自我，意味着自我同一："个体感到自己是独一无二的、拥有充分的心理稳定性的、不因内部或

① ［日］岛森哲男，《慎独思想》，载梁涛、斯云龙编：《出土文献与君子慎独——慎独问题讨论集》，漓江出版社，2012年，第10—26页。

外部变化而改变的整体。"始终知道自己是谁，自己要做什么，想什么，自己为了什么而做什么，不会以自己的尊严为代价来获得他人的认可。①

（二）"慎独"的内向传播功能具有"同心圆"模式

有学者曾指出："儒学的'慎独'是以自我道德修养为圆心并不断在家国天下的同心圆结构中践行的道德修养方式。"②吴予敏也曾提出"生命（生活）–传播结构"，核心的圈层是身的层次，是个体生命生活实体；其次是家的层次，个体诞生、训育的起点和人生归宿，也是最基本的社会关系实体；再者是国的层次，个体生命意义、社会责任实践的场所；最后是天下的层次，生命的永恒意义的寄托所在。显现为从个体的内向传播，推向亲情传播（人际传播）、社会（大众、团体）传播、天下（世界）传播。③此等推己及人的功能模式图很有启发。在此基础上，笔者则提出儒家慎独"内向传播"运作模式。以自我为中心，凭借自我的闻见之知与德性之知形成的理想的我的要求，即"客我"。其中，闻见之知，把握的是天道，自然法则，类似于工具理性；德性之知把握的是天下，道德法则，类假于价值理性。内向传播首先要确立互动的原则与方向，那就是天理人心。正是在心物相合的运态势能中，激发了人向真善美复归的本能，此时"客我"发挥着镜子功能，激励着"主我"以"慎"的姿态，去培育、呵护、成就内心的"独"（即经天理人心洗礼后的真我）。

陈力丹老师基于认知心理学的视角内向传播的渠道及其表现方式做了如下解释："基于对于外界刺激的感觉、知觉与情绪，自我传播的方式既可以是脑海中无声的思维、也可以是自言自语，或以日记为外

---

① 陈力丹：《自我传播的渠道与方式》，《东南传播》，2015 年第 5 期。
② 朱小明：《思孟学派"慎独"说的三重境界》，《理论月刊》，2014 年第 7 期。
③ 吴予敏：《无形的网络——从传播学的角度中国的传统文化》，国际文化出版公司，1988 年，第 210—211 页。

在形式表现。再隐蔽一点的自我传播，是潜意识的梦境。这些都是作为正常的自我传播方式而存在。"①而儒家内向传播的基本方式则是内省、观照，是以浸染、消融的方式进行自我教化过程，即发明"良心"的过程，即侧重内向化。并不像西方的内向传播是以社会为参照，以个人对社会的适应为目标，是个人社会化的过程，即侧重外向化。亦即西方内向传播侧重于社会心理学，如威廉·詹姆斯将"经验的自我"分为物质自我、社会自我和精神自我；米德的主我与客我以及库利的镜中我理论；相较而言，儒家内向传播则侧重于人格心理学，如弗洛伊德的本我、自我、超我的人格系统理论。②

　　西方的内向传播理论同样体现了跟大众传播一样的实用理性倾向。因此，生活就如同一场场演出。维蕾娜·卡斯特说："演员戴上某个传奇人物的面具，形成一个角色象，并且进入这个角色，通过表演将他们搬到现实生活中来。而当现实生活中的我们戴上这样的'面具'的时候，我们就将自己等同于对自身的想象：如何在不同的情境中做出最佳表现？怎样做最能得到他人的认可？"③西方传播学关注的是人如何演好各个场景下的角色，这就够了。而华夏内向传播，以儒家为例，固然在一般层面上，儒家也强调个体要基于自己身份即角色的地位来说话做事，遵守礼仪。这方面与西方有共通性。但儒家则更有"慎独"这个高层次的要求，在这个层次上，观照的是人性、天性，消除面具带来的虚伪与负担，实现人以自己宇宙精灵的智慧，去超越一般身份、地位、名誉等，在天下的格局中，去追求人类最彻底的性灵安顿，以便真正地占有自己，让自己活得自在洒脱，即天人合一之境，此时的我，才是真正的"天子""天民"。而这样的人，才能赢得众人的呼应，

　　① 陈力丹：《自我传播的渠道与方式》，《东南传播》，2015 年第 5 期。
　　② 姚汝勇：《自我传播内涵考察》，《新闻知识》，2012 年第 10 期。
　　③ ［瑞士］维蕾娜·卡斯特：《依然故我自我价值感与自我同一性》，国际文化出版公司，2008 年，第 87 页。

使社会产生巨大的向心力、凝聚力。对此,《系辞传上》借孔子之口表达得淋漓尽致:"君子居其室,出其言,善则千里之外应之,况其迩者乎?"①

　　总而言之,儒家尤其是先秦儒家创造性地提出"慎独"观念,将修身的内涵明确化,而其中最关心的是建构了主我与客我的张力,从而使自己永远处于以修身为起点,又以修身为归宿点的循环之中。客我代表的是社会性中"同一性"的方面,这些方面儒家是以四书五经作为范本来建构起的永不褪色的圣人意象,即圣我。主我则因为需时时应对当下的社会情境,因此,它所代表的反应中容易包含某些新奇的成分,它催发个体的自由感和进取心,它追求终有一天,自己也会达到客我的境界,从而获得永恒的自由与解放,权且称之为"凡我"。因此,它体现出自我的社会性中具有的"新生性"的另一面。正如新生性和同一性是社会性的一体两面一样,主我和客我对自我来说也是一个硬币的两面,它们共同塑造出现在社会经验之中的现实人格。而这一人格通过主我与客我的张力,使自己成圣,抑或成凡。在米德看来,自我本存在于社会之中,借助两者的张力,形成着自我。②而儒家以"人皆可以为尧舜"(《孟子·告子章句下》)的理想,给了"慎独"以永恒的动力。

① 徐奇堂绎注:《易经》,广州出版社,2004年,第202页。
② [美国]乔治·赫伯特·米德:《心灵、自我和社会》,霍桂恒译,北京联合出版公司,2014年,第193页。

第二章　国家可均:《中庸》思想与
政治传播旨趣

作为儒家的"四书"之一,《中庸》在儒家的地位不言自明。本文主要从政治传播的角度入手,来探讨其关注自身修养的学问是如何与政治产生关联,并进而达到"天人合一"的境界的。《中庸》所构建的政治传播体系是一种具有中国特色的政治传播观念,是一种理想型的政治传播体系,它不单单将大众传媒纳入之中,它是一种社会认同的建构,是一种改造日常生活的政治实践。通过对"为政在人""以人治人""反身而诚"三个《中庸》观念的分析,《中庸》在政治传播的过程之中贯穿了内向传播、人际传播、大众传播三个过程,并构建了一个循环反复的政治传播体系。

作为儒家的"四书"之一,《中庸》在儒家之中的地位不言自明。一般而言,《中庸》一向被认为是一部关于君子如何修身,完成自我修养的提升,进而达到一种"天人合一"境界的著述。然而,儒家作为一种具有强烈现实关怀的入世哲学,达到"天人合一"的境界并不意味着君子就要放弃现世中的一切,"未能事人,焉能事鬼"体现着儒家的终极关怀始终是现世。因此《中庸》之中也有着很多关于现世之中该如何行事的论述,本章正是以此为出发点,来论述《中庸》的政治传播观。

对于问题的考察我们总是要先从概念开始，政治传播的起源于"媒介时代的政治"，在西方语境下，它考虑的是在民主政治的前提下，政府、政党利益团体、公民等在公共领域的讯息互动问题。[①]Denton 和 Woodward 将其定义为"关于政治的有目的的传播，其中包括：（1）政治人物和政治和政治行为者达到特定目的所采取的各种形式的传播；（2）选民和专栏作家等非政治人物对政治人物所做的传播；（3）媒体关于政治人物及其活动的报道、评论等传播。"[②] 这样的定义实际上是早期大部分传播学者所认同的"政治传播"的定义，它虽符合了很多政客或是行政主义倾向的学者的思维，但它从功能主义的角度去理解政治传播的视角在后来也遭到了很多学者的抨击。目前西方学界对于政治传播的定义查菲则将政治传播理解为"传播在政治过程中的角色"的定义。[③] 白文刚认为综合西方学者的论述，政治传播的实质就是政治信息的交流，这种交流的本是传播者或者说传播主体希望得到手中或者传播课题对自身政治身份、政治政策或政治观点的认同。[④]

当然，以上的种种概念它们本身就是西方民主政治或者说是竞选政治的产物，而是否适用于中国的政治传播还有待讨论。近几年来，传播或者是沟通的问题实际上正成为中国古代政治史学者所关注的话题，邓小南就认为通过信息沟通的角度，它使得原本"死板"的政治史动了起来，并"使政治史的讨论空间的以拓宽，纵深有所延展"。[⑤]

[①]　Brian McNair：《政治传播学》，林文益译，风云论坛出版有限公司，2001 年，第 12—13 页。

[②]　Denton，R.E，Woodward，G.C：*Political communication in America*，NewYork，Praeger，1990，p11.

[③]　Lynda Lee Kaid：*Handbook of political communication reaserch*，Mahwah，NJ：Lawrence Erlbaum Associates，Inc.2004，p13.

[④]　白文刚：《中国古代政治传播研究》，中国社会科学出版社，2014 年，第 4 页。

[⑤]　邓小南、曹家齐、平田茂树主编：《文书、政令、信息沟通：以唐宋时期为主》，北京大学出版社，2012 年，序言第 3 页。

政治传播的研究使得中国古代政治史的研究从一个静态的角度转向了一个动态的角度,通过政治传播视角的引入,可以使政治思想与政治实践有机结合起来,共同构成特定的政治生活。① 当然,这里所指的政治传播并不是西方所述的狭义的仅适用于选举政治的"政治传播",而是一个涵盖大范围沟通交流的政治行为,从这点来看,中国自古就有政治传播了。

至于本章为何选择《中庸》这一文献来阐述中国古代的政治传播思想,其原因在于《中庸》本身很早就作用于政治生活之中了,庆历时期就有范仲淹规劝张载多读《中庸》的记载,以至后来《中庸》成为中国古代科举制考试中最重要的参考材料,《中庸》可以说是对中国古代政治产生了深远的影响。另一方面,正所谓"政治就是谈论",只要是关于政治的话语都是政治传播的一种,当前随着中国的国家与社会关系的重构与调整,"微社会"与"微政治"已成为当前中国政治传播之中不可变面的话题,可以说政治传播的"门槛"几乎没有。这是一个"全民政治"的年代,小到街头巷尾、坊间流传、茶余饭后的讨论,大到明星名人、娱乐八卦都充满着政治传播的气息。这恰与《中庸》"君子时而中"的观念相互映衬,如何在时时刻刻都存在的政治传播之中保持"时中"的政治传播观念,这也是《中庸》对当今政治传播的实践可尽的一缕绵薄之力。

第一节　为政在人:《中庸》核心政治传播观念的落脚点

近年来,随着全球政治的风云变幻,政治传播研究也日渐成为人们所关注的话题。另一方面,随着传媒技术的迅猛发展,科学与技术日益成为政治传播中的重要话题。然而政治传播技术的发展,政治传

---

① 白文刚:《中国古代政治传播研究》,中国社会科学出版社,2014年,第8—10页。

播必须要建于坚实的政治文明需要的基础之上，这是政治传播亘古不变的特质。[①] 在此，我们有必要回溯古代，去追寻古代之中政治文明赖以维持的根基。

将这一想法带入到《中庸》之中，我们可以看到《中庸》之中最先提到关于政治的话语就是在第二十章所提到的"哀公问政，子曰：'文、武布政，布在方策。其人存，则其政举，其人亡，则其政息。人道敏政，地道敏树。夫政也者，蒲芦也。故为政在人，取人以身，修身以道，修道以人。'"。在这一段论述之中，政治就好像蒲芦一样，杨少涵认为一般对"蒲芦"的解释有三种，即"土蜂说""蒲苇说"以及"葫芦说"，这三者分别对应于教化政治哲学、德化政治哲学以及内外兼修，方可成人的政治哲学。[②] "人道敏政，地道敏树"指的是一种如鱼得水的状态，只要用对了传播策略，政治传播就能顺利得到实现。儒家认为，施政的关键，在于方策，儒家认为，要使政策得到实施，首先必须得通过媒介来进行，也就是所谓的"方策"，它首先是指一些典籍或是史册。孔颖达疏《中庸》时认为"言文王、武王为政之道皆布列在于方牍简策"。实际上就是指那些记载行政之道的书籍。其次，它在后来又被延伸为一种具体的方针或策略，如洪仁玕在资政新篇所说"实欲备陈方策，以广圣闻"。在这里我们也可以将他理解为一种媒介策略，即如何能够更好地通过进行传播。因此"方策"这一媒介，可以是传达政令的简牍，也可以是快马加鞭送达的竹简，甚至是一些具体的传播策略，但儒家对于"方策"最重要的一种解读是认为"方策"是人即传播者本身。《中庸》关注的是政治传播之中最重要的要素之一：人。

自古以来，成圣成贤一直都是我国古代儒家学者毕生所求的终极追求，正如孟子所言"人皆可以为尧舜。"儒家所追求的这些楷模恰

---

① 荆学民：《中国政治传播策论》，中国传媒大学出版社，2017年，总序第1页。
② 杨少涵：《〈中庸〉"蒲芦"的三种解释》，《光明日报》，2015年3月30日，随笔版。

成为古代政治传播之中最被经常运用的媒介。在西方世界的观念之中,"人"本身就是一种媒介,也就是所谓的"道成肉身"。德布雷就认为外在,亦即内在,天主的气息是从人嘴里通过,只有恢复肉身的地位,才能为无尽的、不懈的积极活动打下基础。① 陈嬿如认为后来的传播学研究之中,由于传播效果的研究太注重过程以及技术,人作为传播过程之中的要素就被隐藏了起来。在她看来,"人"的言、行、情、思对传播效果的产生往往都发挥着中心作用。② 像"言传身教""榜样的力量是无穷的"这样的传播观念在中国古代可以说是非常多见的。朱熹尝言"尝谓圣贤道统之传散在方册,圣经之旨不明,而道统之传始晦。于是竭其精力,以研究圣贤之经训。"③ 他认为先贤关于治理国家的方法或者精髓即道统都散见于先贤所著之书,即我们通常所说之"五经",因为这样的分散导致了这些经典的主旨不甚明了,后人所做研究经典之事,实际上就是为了继承先贤的意志,并将他们的话语再次表达出来,在这里,先贤本身就是一种媒介,他们的话语通过他们自身再透过书籍传达给了后人们,正如德布雷所说,这是一种媒介化的力量,通过媒介化,一个观念成为一种物质力量。④ 先贤们的观念透过他们自身的发扬,以一种"道成肉身"的方式进行传播,在这之后再通过像《春秋》《诗经》这样的经典以一种媒介化的方式表达出来。

当然,接受这种政治化媒介的熏陶并不意味着要使万民都参与到政治实践中来,儒家所倡导的政治实践实际上并不仅仅存在于我们所说的政治领域。在儒家看来,一切生活的场域皆是政治或是政治传播的领域。因此《中庸》中所说"取人以身,修身以道;修道以人"。本

---

① 雷吉斯·德布雷:《图像的生与死——西方观图史》,黄迅余、黄建华译,华东师范大学出版社,2014年,第64页。

② 陈嬿如:《心传:传播学理论的新探索》,厦门大学出版社,2010年,第77—79页。

③ (元)脱脱等撰:《二十五史·第七册·宋史》,内蒙古人民出版社,1998年,第1094页。

④ 雷吉斯·德布雷:《普通媒介学教程》,北京:清华大学出版社,2014年,第3页。

身就是一种循环往复的政治传播理念。通过对这些儒家经典的研读，我们接受了儒家的政治传播观念的熏陶，并将它们用在了日常的生活实践之中，这种日常生活的实践则更促进了我们向儒家政治传播观念靠近的过程。此时的《中庸》作为一种政治化媒介，可以说是完完全全嵌入了百姓的日常生活之中。

因此对于"为政在人"的第一层理解我们可以将"人"理解为先贤们的一种政治传播观念，这种政治传播观念首先通过先贤们的政治实践转化为一种物质力量，在这之后它通过经典的方式留存了下来，并通过这些经典，古代人希望可以找到"回向三代"的方法。"人"在此表现为一种媒介化了的精神力量，并以此作用于后来的政治实践之中。

明确了"人"作为一种精神力量，可以通过媒介化作用于物质实践之中，我们再来看看"为政在人"的"人"指的具体是政治传播之中的哪个要素。首先"为政在人"之"人"指的是政治传播中的接受者，即受众，也就是相对应于"蒲芦"的"桑虫"。郑玄在解释"为政在人"时认为"敏，犹勉也。树，谓植草木也，人之无政，若地无草木矣。'敏'或为'谋'"。[1] 在这里郑玄是把人比喻成了草木，人如果没有受到政治的影响，即所谓的"教化"，就好比土地没有草木一样，会失去生机。正如亚里士多德所说，人是一种天生的政治动物，[2] 我们无时无刻不处在政治的影响之中。不过郑玄在这里似乎更强调的是一种作为受众的"人"，这里我们可以通过郑玄对于"政治"的理解可以看出，在他对"夫政也者，蒲芦也"。做解释的时候，他认为蒲芦即蜾蠃，是一种土蜂。在《中庸》之中之所以以"蒲芦"来比喻"政治"是因为"蒲芦取桑虫之子，去而变化之，以成为己子。政之于百姓，若蒲芦之于桑虫然。"也就是说，政治就好比哺育桑虫的蒲芦一

---

① 郑玄注：《礼记正义》，北京大学出版社，1990 年，第 1440 页。
② 亚里士多德：《政治学》，颜一、秦典华译，中国人民大学出版社，2003 年，第 4 页。

样，它同样也哺育着百姓。正如《论语·颜渊》之中所说：君子之德风，小人之德草。草上之风必偃。杨伯竣认为他说的是领导人的作风就好比风，老百姓的作风就好比草，风向那边吹，草向哪边倒。①"政犹蒲芦也"实际上也强调的就是这样一种上行下效的古代政治传播活动观念。②

当然，实际上"蒲芦"式的政治传播并不一定是一种完全意义上的"魔弹论"式的上行下效理论，它实际上也强调了百姓的主观能动性以及受众主体性。郑玄在笺《毛诗》时曾说过"喻有万民不能治，则能治者将得之。今有教诲女之万民用善道者，亦似蒲芦。"③若说老百姓犹如桑虫一样，这样的理解是没有错，但"桑虫"如前所说需要变化成为"己子"，则万民亦要教化而成为"己民"。而万民是否能够教化成为"己民"的关键就在于施政者本身是否是一位有德之人，即他是否是一位"能治者"。正如《尚书·蔡仲之命》所说"皇天无亲，惟德是辅；民心无常，惟惠之怀。"④只有施政者本身是一位仁德之士，他的政治观念才能够被万民所接受，进而接受教化成为"己民"。故"为政在人"它指的是一种具有主体性的受众，他会自己去判断施政者的政治理念是好是坏，再进一步判断是否去接受它。

其次，有一种说法认为"人"指的是臣子，"为政在人，家语作'为政在于得人'，语意尤备。人，谓贤臣"。⑤如果说统治者有合适的政治理念，同时民众也乐于接受正确的政治理念的引导，那么在他们中间，就需要一个中介，去帮助统治者将他的政治理念传递到每一个百姓中去。而这里的中介，或是我们所说的媒介，就是臣子。只有得

---

① 杨伯峻：《论语译注》，中华书局，1980年，第138页。
② 谢清果、陈昱成：《"风草论"：建构中国本土化传播理论的尝试》，《现代传播》，2015年第9期，第60页。
③ 《毛诗正义》，北京大学出版社，2000年，870—871页。
④ 李民、王健：《尚书译注》，上海古籍出版社，2012年，第262页。
⑤ 朱熹：《四书章句集注》，中华书局，2014年，第29页。

到贤臣，并通过贤臣的治理，去传播统治者的政策，政治才有可能上通下效，达到政治传播的效果。俞樾在讨论郑玄所注《中庸》时说："若从郑注则下意不贯矣。孔子以蒲芦喻政，盖以文武之政不能自举而必待他人，犹蒲芦不能自生而必待桑虫之子也。郑解未得经旨。"[1]俞樾想要提醒我们的是"文武之政"之所以能够得到实施，并不是因为如郑玄所说的那样让是通过统治者自身的教化即"自生"的教化而得以实现的，"蒲芦"之所以能够生子全在于"桑虫"之功，而"桑虫"即是我们所谓的"贤臣"。在这里，俞樾主要从"人存政举"的角度来理解"为政在人"，前面我们说过受众既然是具有主体性的受众，那么要如何说服他们就是政治传播的关键，所谓"人存政举"指的就是要有适合传播政治政策的人在，政治传播才能够行之有效。因此俞樾在解释《孔子家语》时认为"《家语》作'夫政者，犹蒲芦也，待化而成'。此王肃所增意，固不足据，然待化而成之意，颇合待人而举之意，转视郑义为长矣。"[2]既然"蒲芦"不能自生"己子"，那么它就只能依靠"桑虫"待化而成，而这里延伸到了政治传播之中就是"待化而举"了，俞樾认为统治者高明的政策并不能依靠自己的传播就能够将它传递到万民之中，而真正去传播统治者政治传播理念的正是统治者底下的贤臣们。"人存政举"从另外一个角度来说就是"政待人举"，统治者只有依靠贤明的臣子，才能够将他的政治理念准确地传达到万民的心中，进而形成一个上通下效的文明社会。

最后，在讲到传播效果时，"为政在人"它同样也给我们提供了一个可思考的方向即"人存易举"。朱熹在解释"政犹蒲芦也"时，他认为"敏，速也。蒲芦，沈括以为蒲苇是也。以人立政，犹以地种树，其成速矣，而蒲苇又易生之物其成犹速也，言人存政举，其易如此。"[3]

---

[1] 俞樾：《春秋堂全书》，凤凰出版社，2010年，第358页。
[2] 俞樾：《春秋堂全书》，凤凰出版社，2010年，第358页。
[3] 朱熹：《四书章句集注》，中华书局，2014年，第29页。

可以说，在朱熹看来，"政犹蒲芦"代表着一种政治传播的速度，就好像"风草论"所说的"风吹草偃"一般，只要是方法得当的政治传播策略，就可以使得政治传播的速度像蒲苇生成那般迅速，这种得当的政治传播策略，在朱熹看来就是"以人立政"。至于如何"以人立政"，朱熹认为是一件很简单的事情，即"人存政举"，只要我们能找到合适的人来进行政治传播，政治传播的速度就可以得到成倍性的增长。同时"人存政举"也相应对照着需要有一批人来接受这种政治传播的熏陶，即受众，"人"对应的就是接受政策影响的百姓。由此在朱熹这里，"为政在人"与"人存政举"恰好连成了一条直线，打通了整个政治传播从传播主体到传播受体的过程。

综上所述，"为政在人"一词实际上可以说是《中庸》政治传播的核心概念所在，虽然杨少涵在分析它时认为郑玄与朱熹代表着两种理解它的原则性差异，即教化政治哲学与德治政治哲学的差异，[①] 但如果从政治传播的角度去理解"为政在人"的话，这正代表着两种政治哲学的融合。它既代表着一种政治观念，又或者可以说是一种媒介化了的物质力量，作用于人们的日常政治传播实践之中，同时它又代表着《中庸》政治传播之中主要的传者即统治者及其群臣以及具有主体性的受众"万民"，而如果方法得当的话，这种政治传播的效果可谓是十分迅速。可以说，"为政在人"一词完全构建了中国古代政治传播理想的"乌托邦"。

第二节　以人治人:《中庸》政治传播观念的方法论

提起"以人治人"，往往它都会与"人治"画上等号，而"人治"一词，随着改革开放以来，依法治国的国家策略的实施，学术界在讨

---

① 杨少涵:《〈中庸〉"政犹蒲芦"郑、朱注之歧异与会通》，《中山大学学报》，2015 年第 5 期，第 89—103 页。

论及这个词语的时候大多数都会讲它往贬义的方向划分。① 因此"人治"一词不管是在学术界还是在大众传媒的眼里，它都是一个极具负面意义的概念。丁为祥指出之所以会出现这样的情形，是因为"人治"从一开始就被视作从统治者角度出发，完全以个人意志、个人好恶来作为行政的准则，因此"人治"一词往往作为"法治"的对立面出现。② 然而实际上，"人治"作为儒家一个重要的政治概念，它非但不具有现代人所加诸其身上的种种概念，反而是一个极具活力的儒家政治传播方法论，下面笔者将通过《中庸》中的"以人治人"等概念的分析来叙述儒家政治传播的方法。

首先，"以人治人"这一概念并不是统治者将统治者的意志单方面灌输给平民百姓的单向传播渠道，它本身应该是一个追求接纳他者的过程。《中庸》中说"道不远人，人之为道而远人，不可以为道。"此时这个人本身就包含着两种人，即交往中的自我与他者。③ 如果自我摆脱了与他者的交流的话，在儒家看来即是一种远离了"道"的做法，而这种失去交互性的单向传播渠道恰是《中庸》之中最被排斥的做法。因此，我们可以说原先我们对于"人治"是一种贯彻统治者意志的说法是完全不恰当的。

既然前述说法有所不妥，那么"以人治人"究竟是贯彻是何种政治传播实践呢？"以人治人"一词出自《中庸》的第十三章，"诗云：伐柯伐柯，其则不远，故执以伐柯，犹以为远。故君子以人治人，改而止。"说的是砍伐树木以此来做斧子的斧柄，现在正在做的斧柄不能

① 相关文献可参考何华辉、马克昌、张泉林：《实行法治就要摒弃人治》，《法学研究》，1980年第4期，第62—63页。江平：《经济政策必须以法治代替人治》，《群言》，1991年第4期，第33—36页。刑植朝、何涧：《人治与法治的关系及政治人格的意义》，《新东方》，1998年第4期，第51—56页。
② 丁为祥：《正确理解儒学的几个重要概念》，《河北学刊》，2013年第1期，第39—43页。
③ 陈赟：《"以人治人"与他者的接纳——〈中庸〉思想的一个维度》，《人文杂志》，2006年第2期，第56—61页。

以现在用来砍伐的斧柄作为依照,而是要根据这杆斧子所要砍伐的树木来作为依照,量身定做。因此实际上制作斧柄的法则本身就蕴藏于砍伐的树木之中。因此要砍的斧子是要依照树木自身的原则来进行伐木,而不是根据自己的样式来进行。同样的,在人与人之间的交往之中,需要秉持的原则或是交往的法则实际上也蕴藏于他者之中,他者存在的法则,必定以他者的存在作为基础,因此如果是从我的角度出发,将自身的法则运用到他人那里,一般都是很难成功的。

正因为如此,儒家讲求"以人治人",实际上是在当下与他人交接时,以他人的方式与他人进行交往,进而完成他人接受自我的一个过程,这一过程用朱熹的话来说就是"以其人之道还治其人之身。"朱熹认为"若以人治人,则所以为人之道,各在当人之身,初无彼此之别。故君子治人也,即以其人之道,还治其人之身。其人能改,即止不治。盖责之以其能知能行,非欲其远人以为道也。"当施政者在治理时,最应该做的就是"以其人之道还治其人之身",也就是说应该以老百姓的法则来治理老百姓,这样就意味着统治者在接纳了老百姓的同时,也完成了统治者自身与他者的交接,进而达成了政治传播者与政治接收者两者之间的交互主体性,所谓"以人治人"所要告诉我们的就是这个道理。

同样地,如果说"以人治人"更多地是从人际传播的角度来讨论在政治传播时自我如何与他者之间进行接触的话题的话,那么"道不远人"则应该是从大众传播的角度来解读儒家的政治传播方法。前文我们讲到"道不远人,人之为道而远人,不可以为道"。指的是自我与他者之间的交互性问题,而在这里,既然有了道,那么这个自我与他者的问题就不仅仅是作为一个单位的"我"与"他者"之间交流的问题,而是作为全体性质的每一个"我"与周围每一个"他者"遭遇时都会碰到的问题。王夫之认为"'道不远人'道即于人而见也。天下之人，人也；己，亦人也，即此而道在焉"。① 既然道见于人，那么道的意思就可以从人中得出，而这个"人"则适用于每一个人。《中庸》中说"仁者人也"。可以说是对"道不远人"最好的解释。对于"仁爱"，儒家传统的"仁爱"观一般解释为人、人心、爱人，它是人之为人的情感条件，是人心的标示，是施之于外发生在人际之间的爱。② 通过爱这一行为的表现，儒家希望建立起每一个主体之间的交互性，使自己通过接纳他人向整个世界开放自身，③ "道"这一字，几乎是概括了人与人之间交往的至高原则。这一原则以"以人治人"为核心，同时又是每一个儒家政治传播主体对待大众的态度，也就是所谓的"仁爱"，当每个主体进行政治传播时，所谓的"道"即是儒家进行政治传播至高的方法。

那么这个"道"又具体是什么呢？《中庸》之中对"道"的解释很简单，即"忠恕违道不远，施诸己而不怨，亦勿施于人"。在这里所谓的"忠"即"忠己"，意思就是忠于自己，要有自己的原则，要尽量地充实地展现自我，而"恕"就是对待他人的态度了，也就是所谓的"如人之心"，要在他人的位置上理解他人，从对方的角度设身处地地为对方着想。将"忠恕"两个字放在一起进行理解的话，就是指本句的后半句"施诸己而不怨，亦勿施于人"。可以说这里应该是对"以人治人"的一个补充，儒家并没有要求每一个人都是圣人，都要百分百践行所谓的"以人治人"的原则，如果这样，那他就会是一个烂好人了。儒家的"以人治人"恰需要"忠恕之道"来进行弥补，即主体在通过他者的方式理解他者时，亦需要保持对自身的忠诚，而不应该在双方交往之中迷失了自我。同时因为对自身的忠诚，使得自我明白了

---

① 王夫之：《船山全书》第 6 册，岳麓书社，1996 年，第 230 页。

② 张秋升、曹姗姗：《仁爱社会：早期儒家社会治理的理想境界》，《南开大学学报》，2015 年第 5 期，第 35—43 页。

③ 陈赟：《"以人治人"与他者的接纳——〈中庸〉思想的一个维度》，《人文杂志》，2006 年第 2 期，第 56—61 页。

在双方的交往之中到底有什么是该做的，有什么是不应该做的，这样才能够做到"己所不欲，勿施于人"。因此对于"道"，我们可以将它理解为一种对政治传播过程之中主体与客体之间交往的原则，它希望的是传播主体在传播过程之中要尽量站在对方的角度进行考虑，同时又不应迷失自我，在这样的条件下去达成双方的交互主体性。

综上所述，儒家在进行政治传播时并不是以大众传播作为政治传播的基础来实施政治传播的，儒家的政治传播方法更多是建立在人际传播的基础之上，通过自我与他者之间交互主体性的达成来完成政治传播，并将这种人际传播的方法进一步运用到大众传播之上，这可以说是《中庸》的政治传播方法论了。

第三节　反身而诚：《中庸》政治传播观念的原点与终极关怀

通过前文的叙述，我们发现，实际上《中庸》之中所蕴含的中国古代的政治传播观念本身就与西方政治传播学的传播观念有着很大的不同。西方的政治传播学起源于大众传播的时代，在二战之后，李普曼就指出"民主的实践度过了一个难关，[①]他早就意识到公众舆论可以被构建制造和引导。因此西方的政治传播更多地是关注于现在这个大众传播时代之下，大众媒介与政治的关系，尤其是那些政客与大众传媒之间的关系。另一方面，受近几十年以来传播学研究中信息中心取向的影响，政治传播更多地会去关注到那些提供政治消息来源的人以及他们在信息传播过程中的作用。西方的政治传播研究更多的是关注西方自由民主的标准化原则，并思考政治传播如何在理论上与民主过程相适合。因此西方政治传播会更多地去关注那些大众传播媒介更有政治传播的色彩，并讨论这些媒介的政治传播对受众行为、态度以及

①　布赖克·麦克奈尔：《政治传播学引论》，殷祺译，新华出版社，2005年，序第1页。

社会进程的效果。"① 从历史层面来说，西方的政治传播研究有它的研究起点，即大众媒介对于受众行为、态度的影响，西方的政治传播可以说是这种情况在政治方面的延伸。

图 5：诚

　　在本章的前两部分，我们就已经说过，儒家在进行政治传播更多的是通过自我与他者的互动来完成政治传播的，这种人际传播的过程之中，它会注重通过对自我涵养的提升来促进政治传播活动的完成。儒家希望的是试图通过塑造君子、圣贤人格来构建自我，和谐身心、和谐人际、和谐社会与和谐天下的理想世界。因此正如《中庸》所说"知斯三者，则知所以修身；知所以修身，则知所以治人；知所以治人，则知所以治天下国家矣。"② 要想达到治人以及治天下国家的程度，首先要学会的就是修身。郭庆光也曾说过"内向传播是其他一切传播活动的基础，任何一种其他类型的传播，如人际传播、群体传播、大

---

① 布赖克·麦克奈尔：《政治传播学引论》，殷祺译，新华出版社，2005 年，序第 4—5 页。
② 朱熹：《四书章句集注》，中华书局，2015 年，第 31 页。

众传播等，都必然伴随着人内环节，而人内传播的性质和结果，也必然会对其他类型的传播产生重要影响"。①因此其实不管是"以人治人"的人际传播途径的政治传播，或是"道不远人"式的大众传播途径的政治传播，都离不开以修养自身涵养为本的"内向传播"，而这本身也就是"故君子之道：本诸身，征诸庶民，考诸三王而不谬，建诸天地而不悖，质诸鬼神而不疑，百世以俟圣人而不惑"②的具体体现。因此儒家的政治传播首先是从内向传播开始的，只有先达到"诚者自成"的境界，才能够出现道路自己展现的"道自道也"的政治传播途径。

明白了儒家政治传播的原点在内向传播之后，我们再来说说儒家政治传播在内向传播时期主要的方法，谢清果认为儒家实现"天下大同"的目标的起点与路径均在"慎独"③。刘宗周也曾经说过："圣学之要只在慎独。"④由此我们发现，"慎独"可以说是儒家政治传播的内向传播取向的起点，"慎独"作为一种要求贯彻一生的长期性活动，是一种日常的、经常性的自我反思活动，是以修身养性为目的的思考。⑤当然，这种"慎独"的功夫不是追求对自我的迷恋，而是一种追求"天人合一"的过程，这里的"天"实际上就是一种外放的政治传播过程，而儒家常常提到的"为一"则正是要求人在政治传播之中，由内化转向外化的过程，通过自我的修养，将这种修养外放到社会中去，以期待自己的这种修养可以影响其他人，进而改变他者的行为或是态度。在这点之上，"慎独"这门功夫可以说是与政治传播密切相关的。

至于内向传播的内容，笔者认为"慎独"所要修行的最关键的就

① 郭庆光：《传播学教程》，中国人民大学出版社，2011年，第61页。
② 朱熹：《四书章句集注》，中华书局，2015年，第38页。
③ 谢清果：《作为儒家内向传播观念的"慎独"》，《暨南大学学报（哲学社会科学版）》，2016年第10期，第54—64页。
④ 戴连、吴光主编：《刘宗周全集》（第2册），"中央研究院"中国文哲研究所筹备处，1997年，第424页。
⑤ 谢清果：《作为儒家内向传播观念的"慎独"》，《暨南大学学报（哲学社会科学版）》，2016年第10期，第54—64页。

是一个字：诚。"诚"作为一个基本范畴，它可以生"天"、生"地"，"诚"既是"天"之道，又是"人"之道。① 可以说单单一个"诚"字，就概括了儒家政治传播的内向传播的目标。孟子所言"诚者，天之道也；思诚者，人之道也。"② 可以说"诚"既是人与人之间交往必须遵循的原则，它同时也是实现"大同社会"所必须具备的要素。将诚分开理解，即我们通常所知晓的四德即"仁义礼智"，孟子言"仁之于父子也，义之于君臣也，礼之于宾主也，智之于贤者也，圣人之于天道也，命也。"③ 在这里，"诚"相对应与"天命"，可以说诚临仁义礼智之上，而又渗入四德之中，化为灵魂，成为"人伦日用"之道。

当然，如果是这样的话，我们就会发现，实际上儒家的政治传播过程是一个循环往复的过程，因为在过去的研究之中，更多地会认为"慎独"本身实际上应该是社会给自我所赋予的一种规范式约束，谢清果就认为"慎独"是"在圣人平天下之使命的感召之下，以社会期待的圣我为客我来召唤我洗心革面，于微处着手，一点一滴地消除心中的人欲，从而使自己融入天理的境界中"。④ 朱小明则认为儒学的"慎独"是以自我道德为圆心并不断在家国天下的同心圆结构中践行的道德修养方式。⑤ 可以说社会结构的"客我"对于强调"慎独"的"主我"会有不小的影响，由此笔者在此提出一个儒家政治传播的循环模式，以此来解决这个往复的过程，示意图如下：

---

① 李天道：《儒家人生美学"诚"范畴的存在论解读》，《青海民族大学学报（哲学社会科学版）》，2013 年第 2 期，第 67—72 页。

② 《孟子·离娄上》，载杨伯峻：《孟子译注》，中华书局，1960 年，第 173 页。

③ 《孟子·尽心下》，载杨伯峻：《孟子译注》，中华书局，1960 年，第 333 页。

④ 谢清果：《内向传播视域下的先秦儒家"慎独"观》，《杭州大学学报》，2017 年第 5 期，第 101—113 页。

⑤ 朱小明：《思孟学派"慎独"书的三重境界》，《理论月刊》，2014 年第 7 期。

可以说作为内向传播过程的"慎独"，它既是起点，也是终点，儒家认为个人的修行本身的目的无非就是要"修身、治人、平天下"，因此"修身"本身就是儒家政治传播的起点，而作为一定意义上终点的"平天下"本身实际上也有着转回向"修身"的意思，儒家最提倡的"回向三代"这种政治理想本身，不就是一种先贤们的政治理想对后来人的政治传播吗？而这种"回向三代"的号召又要重新再从个人修行做起。因此笔者认为儒家的政治传播方法应该是一种循环传播的模式，它先由个人的修行即内向传播开始，通过对涵养的提升，来影响他人，并在自我与他者的交往之中，逐步实现"以人治人"即一种交互主体性的达成。而这种交互主体性的达成，实际上意味着自我向世界敞开，并被世界所接纳，如果人人都能达成这个过程，这实际上就是一种"道"的大众传播过程，并逐渐实现了"天下太平"的社会期望。至此，这种社会期望又会作为一种观念通过书籍、经典转化为一种物质性力量，对人的精神生活即"涵养"的修行过程产生影响，如此不断循环往复，构成了儒家政治传播的循环，我们可以把这个过程理解为"反身而诚"。

白文刚认为政治传播在中国古代政治中扮演了非常重要的角色，是中国古代政治文明的重要组成部分。政治传播的概念虽然起源于现代西方，但研究早已证明，政治传播的实践遍布古今中外的人类历史。①《中庸》所体现出来的政治传播观念也仅仅只是其中的冰山一角，

---

① 白文刚：《政治传播在中国古代政治中的地位与作用》，《哈尔滨工业大学学报》（社会科学版），2013年第2期。

然而这种观念实际上早已对中国古代政治实践产生了不小的影响，且不说朱熹的"理学"在宋以后就成为中国古代官方的御用理论，它所提倡的"天人合一"的境界以及"修身、齐家、治国、平天下"也早已成为渗入中国人日常生活的重要概念。而这样的传播效果不是单单通过大众媒介的传播就能够达成的。《中庸》所构建的政治传播体系，实际上应该是一种理想型的政治传播体系，它不单单将大众传媒纳入之中，它是一种社会认同的建构，同时也是一种改造日常生活的政治实践，在这点上，它足以成为一种具有中国特色的政治传播观念。

第三章　中立不倚：《中庸》思想与 游戏文化传播之道

　　中庸思想研究人心与人性，讲求和顺率性、自诚成事、圆融自然的自我修行，无疑是中华文化宝库中最瑰丽的宝藏之一。另一方面，自新世纪以来，电子游戏被誉为第九艺术，其强大的信息交互性和娱乐表现力受到全世界青年人的喜爱，是当下中国对内再建共识、复兴文化，对外塑造新形象、输出新文化最好的载体之一。将中庸思想与游戏行业相结合进行分析和思考，是历史与现代的邂逅，是对优秀传统文化的继承与发展，更是对电子游戏这一新兴传播媒体的全方位考察和思考。

　　21 世纪经济强势起来的中国，开始追求精神和文化上的强大，对国内提出社会主义核心价值观以助力精神文明建设，对国外则提出树立中国文化话语权，加大中国文化和价值观的对外输出。任何一个民族的文化都不是凭空而来的，而是根植于民族历史与传承之中的，换句话说新时期我国对于精神和文化上的追求都要通过深挖传统经典来把握民族的深层文化意识，通过古典今解的方式让文化本身不断自新以适应全新的时代和社会。作为儒家最负盛名的经典著作之一，《中庸》一向以来都被认为是中国传统文化的一个标志性符号，以中庸的思想来关照和解读现今社会总是能收获许多感悟和思考。另一方面，随着国人受教育程度和认识的提高，政府相关部门于近年进一步放开了对文化娱乐行业的管制，尤其是电子游戏行业的开放，从宣传口径上一改过去受舆论裹挟的"电子海洛因"的定义，转而承认了电子游戏的文化产业定位，不仅将国内的电子游戏市场开放给了国外游戏公司，诸如美国艺电和暴雪娱乐、日本的索尼和任天堂等等大型跨国公司，更大力鼓励国内的游戏制作公司制作精品娱乐国人的同时，也负担起中国文化走出去的重任，并给予了政策和经济上的各种补贴。这使得国内游戏行业一片繁荣景象，却也使得乱象丛生，有粗制滥造却打着"绿色爱国"标签的游戏作品用以骗取补贴，也有以暴力或性感的视觉效果吸引玩家消费者的低俗游戏作品，更有以"山寨"抄袭国内外优秀作品为荣的游戏制作套路，充斥着这类作品的国内游戏市场连满足国人玩家消费者尚且不能，更遑论负担起文化"走出去"战略的重任了。这与国家开放游戏行业的初衷相去甚远，在对行业守则加以调控和管制之外，为游戏行业从业者在思想上树立起正确的理想和观念显得更为重要而迫切，而《中庸》中所蕴含的"至诚""中和"等丰富的人文思想正是契合时代需要的宝贵传承，用中庸思想来分析理解游戏行业的现状，帮助游戏行业的自律与发展，不仅是历史与现代的邂逅，也是对优秀传统文化的继承与发展，更是让电子游戏行业负担起中国文化走出去战略的第一步。

纵观各发达国的文化输出，多已经在有意识、有选择地将一些态度、形象和情感取向附着其上，以让世界其他国家从中解读出一种被建构的民族个性。所谓民族个性一定是多面的，但美国通过好莱坞大片建构了一个崇尚自由与个人英雄主义的科技大国形象；日本通过动漫作品建构了一个追求和平与正义，向往宁静与偏居一隅生活的民族形象；韩国通过流行影视剧建构了一个娱乐业兴盛的进步民族形象，等等，这样的例子很多。而中国正试图通过打造孔子学院这样的文化品牌，以一种高效率的方式向世界传播以中庸为核心的儒家精神，建构属于中国的"执中守恒"负责任的大国形象与民族性格的国际认知。而除建设孔子学院这样的国家战略之外，儒家哲学和中庸思想是否还能依托文化娱乐媒体，尤其是电子游戏这样一种风靡全球，完全不亚于影视娱乐的现代媒体，进行一些更贴近青少年，更贴近人日常生活娱乐的方式来塑造和传播中国声音、中国文化，正是时代的需要与呼唤。

纵观游戏成功制作与传播的秘诀，我们不难明白，中庸智慧正是其秘密所在。正如《中庸》所言："中立而不倚，强哉矫！"只要坚持中立不偏倚的原则，游戏产业才能行稳致远，不断自我更新，以变应变。

第一节　"不诚无物"：游戏设计的初衷

天下无难事只怕有心人，这天下之事其实都讲究一个不忘初心贯彻始终，游戏设计这事也一样。有人把游戏设计这一行业当作赚快钱的手段，来了又走却从未给世人留下值得记忆的精品；但也有人将游戏设计当做了实现人生目标、理想和价值观的行业，一直在这样一个行业中辛勤地耕耘与收获，这样的从业者才能算得上是游戏设计行业中的"有心人"，是能诚于己，又能诚于事的人，这样的人不论其所从事行业的是什么，都是能够有所成就和收获的。

一、游戏通诚

"诚"是《中庸》中很重要的一个概念，《中庸》有云："诚者，天之道也；诚之者，人之道也。……博学之，审问之，慎思之，明辨之，笃行之。有弗学，学之弗能弗措也；有弗问，问之弗知弗措也；有弗思，思之弗得弗措也；有弗辨，辨之弗明弗措也；有弗行，行之弗笃弗措也。"① 所谓"诚"往宏观了说，就是宇宙天地运行的规则；往微观了说，就是人应该向上天学习的一种做人的道理。而宇宙天地运行的规则又是什么呢？《道德经》说"天地不仁，以万物为刍狗；圣人不仁，以百姓为刍狗。……多言数穷，不如守中。"② 老子认为天地运行、圣人治政的至理就是以一颗平等的心对待和包容万事万物，即"守中"这里的"中"与中庸的"中"是一样的，也就是程子说的"不偏之谓中"③，也即是说不偏颇不徇私就是守中，就是诚。但不偏无私的至诚是只有天地与圣人才可能做到的，普通人能做的不过是"诚之"的人之道，也就是不断地在内心中拷问初心，不断地在为人做事中规制自己的行为，让自己始终不偏不倚地走在不改初心的成功之路上。《中庸》为这种自我规制给出了方法，即博学、审问、慎思、明辨和笃行，也给出了相应的实行标准，即要么不学，一旦学了没有学会绝不罢休；要么不问，一旦问了就要将答案弄个清楚明白；要么不思考，一旦开始思考就要有所得有所悟；要么不辨析，一旦开始辨析就要将道理分个明明白白；要么不行动，一旦开始行动没有成效就绝不罢休。所谓诚是不做则已，做就一定要做成。

在游戏设计行业能找出许多鲜明的例子，比如说日本的老牌游戏公司任天堂，其原本是一家小型的生产扑克牌和小玩具的厂家，但由于始终贯彻了将"玩"的快乐带给所有人的理念，一步步将事业做大，产品从小玩具变成了今天大制作的电子游戏，并且始终坚持了其最初的为全年龄玩家提供娱乐的初衷，设计小孩子也能玩的游戏，在任天堂的游戏世界中永远是童话一般的纯真故事剧情和简洁又易上手的游玩方式，所以任天堂最具代表性的游戏人物"马里奥"甚至走出了虚拟世界，在东

---

① 朱熹校注：《四书章句集注》，中华书局，2011 年，第 32 页，《中庸》第二十章，本章所引中庸篇章都出自此书，不再注出。

② 饶尚宽译著：《老子》，中华书局，2006 年，第 13 页，第五章，本章所引道德经篇章都出自此书，不再注出。

③ 朱熹校注：《四书章句集注》，中华书局，2011 年，第 19 页。

京奥运会上惊艳亮相，成为日本文化对外输出的代表和载体。任天堂的成功来源于"诚"，诚于己诚于事，"博学、审问、慎思、明辨"是诚于己，不断地学习全世界最新的游戏设计理念和技术，让任天堂设计的游戏始终符合时代的潮流特征；不断地审视自己的作品是否还存在着不足之处，让任天堂设计的游戏总是能令消费者和玩家体会到游戏的乐趣并感到满意；不断地思考游戏行业前进的方向，让任天堂在经济危机等行业整体遇冷的时候始终坚持着生存了下来；不断地辨析过去的经验有哪些是糟粕要舍弃，而哪些是精华要传承，让任天堂得以塑造了一个个经典而鲜活的游戏人物和卡通形象。"笃行"是诚于事，有了种种内省和精神上的准备之后，身体力行之是最终也最重要的环节，而这在任天堂身上表现出来的，是一种老牌日企所共有的"工匠精神"，是一种传承自手工匠人的敬业笃行的精神，始终在工作中精益求精的气质。当然了，如孔子所云："中庸其至矣乎！民鲜能久矣！"（《中庸》第三章）至诚也一样，都是天地与圣人才能习以为常的，任天堂公司作为一个盈利的经济体也不是圣人，不必过分的神化它，但从它的一件件最终发行的游戏作品与公司发展历程来看，可谓是"诚者自成"（《中庸》第二十五章），最终获得了成功。

二、至诚无息：游戏产业的初心

反观国内的游戏从业公司，则很难找到相似的例子，当然这与国内游戏行业起步晚、时间短有很大关系，但就玩家消费者数量、公司体量和盈利能力来看，包括腾讯、网易等许多国内大型的网络公司都经营着游戏产品这门生意，而且获益颇丰，也早已成为各自公司的主营业务，其中的腾讯公司更是名列2016年度世界游戏公司收入排名第一，①那么玩家消费者群体和国人也就不得不以更高的标准来要求腾

①　引自搜狐网新闻，《世界游戏公司最新排名：腾讯世界第一》，http://www.sohu.com/a/130475112_353276，2017-03-27。

讯公司了，但作为一名游戏行业从业者，腾讯公司始终为人诟病的正是其对游戏作品本身的"不诚"，腾讯游戏最大的特点就是"山寨"和抄袭，并且机敏迅捷、闻风而动，只要市面上出现了任何一款具备人气的游戏产品，腾讯必定是最早研发出"山寨"作品的跟风者。永远做商场之上的第二名，规避掉创新的未知风险，又能以自身的资源体量超越第一名获得巨大盈利，这也许是许多商人纵横商场的制胜法宝，但也大多见于创业初期小公司的艰难求生阶段，很难想象腾讯这样一个中国顶级企业、业务遍布全球的跨国公司会始终以一种"不诚"的方式对待给自己带来高额盈利的游戏行业。《中庸》有云"故至诚无息。不息则久，久则征，征则悠远，悠远则博厚，博厚则高明。"（《中庸》第二十六章）讲至诚是没有止息没有间断的，是一种习以为常的常态，腾讯公司能够将事业发展到今天的地步，与它始终深耕网络即时通讯技术领域是分不开的，QQ 和微信这样的成功产品就是明证，谈腾讯在游戏行业上的"不诚"并不是否认其在主营业务方面曾经的"诚"，但真正的"至诚"是没有止息和间断的，是"有弗行，行之弗笃弗措"的，既然已经进入游戏行业那么就应该拿出"笃行"的态度将游戏事业做到最好，否则像现在这样将抄袭成功作品视作行业圭臬的做法，已经由腾讯公司的游戏事业部门影响到了整个公司整体，在游戏玩家消费者群体中早已对腾讯的"山寨""死要钱"的做法含怨在心，腾讯公司在国人心中的形象也早已从创业早期的创新企业变成了现在的垄断保守阻碍创新的"山寨"大厂，是"不诚"企业的代表。"诚"并不是一个片面和割裂的概念，而是一种整体而动态的状态，只有时时刻刻自省自问，自诚笃行才能走在征久悠远、博厚高明的百年企业的道路上，否则即使是现在在用户体量和盈利水平上表现得如日中天的腾讯公司，也必将走上衰落之路被后来者超越。

第二节 "智仁勇":游戏制作者的自我修养

在《中庸》原文中不仅有对宇宙天地的哲思,也有许多实实在在的实践方法指导,如"天下之达道五,所以行之者三:曰君臣也,父子也,夫妇也,昆弟也,朋友之交也:五者天下之达道也。"(《中庸》第二十章)

一、寓教于乐:游戏制作之达道

《中庸》中所列举君臣、父子、夫妇、兄弟和朋友五种关系为天下共遵的五伦德行,认为天下间所有事物间的关系都蕴含在其中,而只要处理好了这五种关系,已经能够几近于道了。这五种关系即是现实生活中的人际关系,也可以隐喻人与事物、事物与事物之间的相处关系,如中医理论中的"君臣佐使"就是用君臣关系来比喻主药与辅药之间的关系如何处理的问题,进而解决药物这一整体对于病症的治疗作用。当然,这种对于万事万物关系的比喻也可以用于游戏作品的设计过程之中,游戏的主要功能是娱乐身心,那么娱乐的作用就是君,教化的作用就是臣,君臣主次的关系要分明,游戏史上几乎所有打着"寓教于乐"旗号实行说教意图的所谓教育游戏,如以亮剑 Online 和抗战 Online 为代表的一大票国产低质量网络游戏,就由于忽视了游戏的娱乐功能而一味强调其中的爱国主义教育而遭到了口碑和盈利上的双双惨败,不仅没能起到教育作用,反而进一步激起了青少年玩家对于说教式爱国主义教育的厌烦心理。其他又如游戏的正作与续作之间传承有序如父子关系;游戏作品与文学和影视剧作品的互动互促如夫妇关系;自己作品与其他制作公司的同类型产品之间的谦恭与学习互动如兄弟关系,都是能够实实在在适用于游戏行业的伦常德行。尤其是游戏制作者与玩家消费者之间的"朋友之交",前述四伦或具臣属关系或有血缘关系,都是游戏从业者内部的伦常关系,但论及与玩家消费者之时，就是一种疏远而不稳定的陌生关系，如何能让一名陌生的普通消费者被吸引而成为游戏玩家，进而成为归属于某游戏制作公司系列游戏作品的忠实玩家，成为"朋友之交"，所能凭借的唯有作品而已。玩家消费者通过游玩一个个真实可玩的游戏作品来体会游戏制作者的"诚"，兼具娱乐性与思想性的优秀作品被称为"诚意之作"与"良心之作"，制作者以朋友之心待玩家，玩家才以朋友之义待游戏，游戏作品所想要传达的文化、信息甚至说教才能够真正被玩家所接受所汲取，美式的"英雄文化"与日式的"武士文化"莫不如此。

"涵化理论"是传播学中的经典理论，认为媒体对于受众的影响是一个长期的、潜移默化的、"教养"的过程，在于不知不觉当中制约着人们的现实观。游戏作品作为一种多媒体媒介同样如此，只有通过真正能够吸引人沉浸其中的娱乐功能，才能将其玩家受众带入潜移默化的教养过程。否则，玩家受众根本不会"选择性接触"一款不以娱乐为导向的说教游戏。其实正如美国传播学者詹姆斯·凯瑞所提出的传播仪式观：传播应被看作是文化共享过程，它并非直接指信息在空间上的扩散，它主要是指传播如何在时间上来维持一个社会。[①] 作为生于斯长于斯的国内玩家消费者，对于爱国与爱党、抗战与胜利自有一番理解和体会，包括游戏在内的一切文娱作品所应该提供的都是一种"朋友之交"式的文化共享，提供给国内的玩家消费者一种文化上的链接感和仪式感，这才是更高级的说教过程，而针对国外的跨文化玩家消费者群体，也能通过极高的游戏性提供一种文化沉浸感与文化分享过程，才能真正加深理解与认可。

二、智仁勇：游戏制作之达德

《中庸》对于这五项普世伦常，也提出了三条实施规范："知、仁、

---

① [美]詹姆斯·凯瑞：《作为文化的传播》，丁未译，华夏出版社，2005年，引言部分。

勇三者，天下之达德也，所以行之者一也。或生而知之，或学而知之，或困而知之，及其知之一也；或安而行之，或利而行之，或勉强而行之，及其成功一也。"（《中庸》第二十章）即，生来就知道如何去做这叫知，通过学习知道如何做是对的叫作仁，受困才知道如何克服万难去做的叫作勇，三者殊途同归都能达到三德并行的至诚境界。不论是自然而然的行道，或为了获利才行道，又或者努力克服万难才得行道，归根结底都是行道了。放到游戏行业中其实也很好理解，有的游戏制作人天生热爱游戏，其监督制作的游戏具备强烈的个人风格与艺术渲染力，天生予人一种美的直观感受或是大道至简式的游戏之乐，他们就具备了游戏制作之"知"，简洁不简单的《扫雷》与《俄罗斯方块》就是其中的佼佼者；而有的游戏制作人对游戏制作规律稔熟于心，什么样的游戏即受玩家欢迎又不违主流意识形态，他们通过在工作中的不断学习与经验，制作市场与口碑双丰收的游戏，就具备了游戏制作之"仁"；还有一些游戏制作人天赋不够也没有足够的从业经验，在工作中屡屡碰壁，却总能在不断的挫折中积累点滴进步，虽弱小却顽强而生命力十足如"含德赤子"，许许多多在游戏行业底层艰难求生却又总带给玩家惊喜的独立游戏制作人就是如此，具备了游戏制作之"勇"。三德殊途同归，对于游戏制作者来说智仁勇是并行不悖的，只有兼具三者之德才能算得上至诚于游戏制作行业本身。《中庸》载子曰："好学近乎知，力行近乎仁，知耻近乎勇。知斯三者，则知所以修身；知所以修身，则知所以治人；知所以治人，则知所以治天下国家矣。"（《中庸》第二十章）好学才知道如何制作好游戏，力行才能将学得的知识体现到游戏作品之中，知耻才能不断地反省并提升自己，才有在作品遇挫、生存困难之时振兴与复起的机会。"智仁勇"归一就是"诚"，只有将之付诸游戏制作与经营的实践才是"诚于己"才能"成于事"，才能不负君臣、父子、夫妇、昆弟之交于行业本身，也才能不负挚诚朋友之交于玩家消费者。

第三节 "尽物之性"：游戏作品的策划与制作

《中庸》有云："凡事豫则立，不豫则废。言前定则不跲，事前定则不困，行前定则不疚，道前定则不穷。"就是在将"诚"之一字的诚于己则能成于事的重要性做了进一步的说明：任何事情，预先就确定了初心是出于诚的，就会成功，否则就会失败。说话出自诚心，就不会磕绊；做事出自诚心，就不会受挫不前；行为出自诚心，就不会后悔内疚；行道出自诚心，就不会走入穷途。

一、先诚己后成事。

凡事都是如此，先计划再执行，一个游戏作品的完整策划应包括从市场调查与方案策划，一直到制作完成的运营策划，游戏作品最终所能呈现的面貌在策划阶段就已经有所显现，而游戏从业者的于己于事之"诚"，从这里就开始表现出来并发挥了重要的作用。结合前文所述的"工匠精神"，"诚"在游戏中的表现，在于将游戏所侧重表现的一个方面展现到极致，这一个方面应该是具有一定可玩性的，如日本任天堂的《超级马里奥》，就是将童趣做到了极致；美国艺电旗下的《FIFA》系列则将足球赛事模拟到了极致；更有趣的是捷克共和国的 SCS Software 公司，其旗下风靡全球的模拟卡车游戏的全部游戏性都在于扮演一名卡车司机进行模拟运输货物，单调的游玩模式却因为做到了模拟的极致，让许多卡车爱好者，喜欢体验"在路上"之孤寂感的玩家视为心头好。所以"诚于己"在于树立并明确坚定的信念，而"诚于事"则是要为行事树立一个目标，明确一个"物性"。

二、在诚己中成物。

《中庸》有云："天命之谓性，率性之谓道，修道之谓教。"（《中庸》第一章）天地创生万物时赋予万物的内在规律理念就是"性"，万事万物依照这种内在规律而不逾矩就能顺利繁衍发展就是"道"，时刻反省、对照、规制这种内在规律以保持道的施行就是"教"。先贤早已将"性"和"理"的重要性阐述得清清楚楚，"物性"是由创生者赋予事物的，游戏作品的"性"就是由游戏制作人所赋予的，不同游戏作品的内在"性"和"理"也许都各不相同，却没有高下之别，其成功与否更多地取决于策划的过程中对于这种"性"和"理"的不断发掘与明晰，走上"率性之道"，并在制作的过程中不断地通过反馈与修正进行"修道的教"。《中庸》云："唯天下至诚，为能尽其性；能尽其性，则能尽人之性；能尽人之性，则能尽物之性；能尽物之性，则可以赞天地之化育；可以赞天地之化育，则可以与天地参矣。"（《中庸》第二十二章）将"诚"与"性"的关系说得通透，人只有至诚于己，才能够真正发掘自身的潜能，才能够认识自身所蕴含的人性，人性包含认识性与创造性，这是用于发掘与赋予物性的强大能力，当人参透并能够驾驭物性之后，就能够参与到大自然的造物过程中去，与天地并立世间万物的创生者之列。所以至诚尽性，在游戏作品的策划与制作当中，要赋予作品行之有效有利的游戏性，并将之推进到极致境地，归根结底还是在于游戏制作者的"诚"。古之先贤微言大义，诚之一字含蕴深远，那么对于游戏制作者来说，究竟什么是"诚"，如何才能做到至诚于己呢？《中庸》还是给出了回答："自诚明，谓之性；自明诚，谓之教。诚则明矣，明则诚矣。"这里的明有两层含义，一层是明白、明辨、明达于人的本性本真。至诚于己而明辨初心，笃行之如颜回一般"拳拳服膺而弗失之矣"（《中庸》第八章）全心全意地致力于初心所向、信念所在的事业，一如腾讯公司游戏部的口号"用心创造快乐"，如果真能拳拳服膺地笃行，就一定能明白游戏作品的"物性"，这种由自诚而明达的认识能力和创造能力是人本性的一部分。明的另一层含义是正大光明、照见万物的，形而上的灵性之光明。如康德所说世界上只有两种东西最能震撼人的心灵，一是头上灿烂的星空；二是我们内心崇高的道德。这种震撼心灵的东西就是"明"，人受崇高的道德与理想的感召，为之舍身赴死如新中国之先烈们，就是由明而达的至诚，这种明的感召就是教化。诚与明是相通的，至诚之人如圣人总是正大光明的，是闪耀在人类史册之中的明星；而追寻这种正大光明之理想信念的人，就是在追求诚的人，是行走在圣人之道上的真人。所以诚与性都是人所皆有的，处于人内心的宝库，游戏制作和策划者们大可不必外求，只要追问内心所受的对于正大光明之义的感召，人类对于真善美的追求总是相似的，或正义战胜邪恶的童趣，或是爱与和平的期许，或对平淡是真的向往，等等，都能成为一部优秀的游戏作品在设计之初的哲思底蕴。《中庸》云："莫见乎隐，莫显乎微，故君子慎其独也。"（《中庸》第一章）对这种内心光明的找寻，对于自身人之本性的追问所遵循的道，提出了"慎独"的方法，即是在"为己中求己来认识自己，并以超凡入圣为目标改造自己"①，只有通过不断的自我内向传播来加深对于自身的认知，并推己及人地明白了己性、人性之所在，方能真正做到诚于己，成于事。如《中庸》所云："诚者非自成己而已也，所以成物也。成己，仁也；成物，知也。性之德也；合外内之道也，故时措之宜也。"说的是至诚之人的成己到成物是自然而然的，成己就是游戏制作者于人性有所得悟；而之所以能够得利获利是因为成物，即游戏作品因合于人性而受到欢迎得以成功；作品的成功又反过来让游戏制作者得利、游戏公司获利，其经营得以存续。这种成己与成物、人性与物性之间的联系与互动，是天生所固有的规律，是上天和自然赋予人和物的共性，所以只要游戏制作者慎独修身，于己性有所得，就必然会于物性有所得，再加上以时措之，"发而中节"地对游戏作品加以谨慎制作与运营，那么必然是两者皆得宜，实现作品口碑与公司盈利的双丰收。

---

① 谢清果：《作为儒家内向传播观念的"慎独"》，《暨南学报（哲学社会科学版）》，2016年第 10 期。

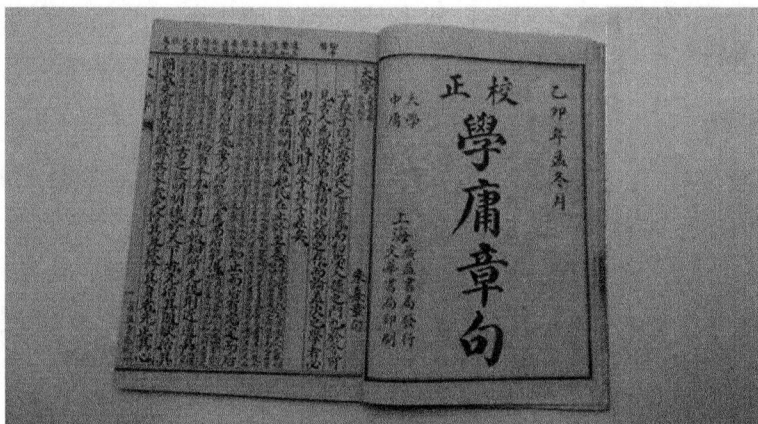

图 6:《学庸章句》书影

第四节　"致中和"：游戏行业的发展之路

《中庸》有云："致中和，天地位焉，万物育焉。"（《中庸》第一章）万事万物在生存得以保障之后，必然会转向谋求繁衍和发展，于是《中庸》也回答了这样一个关于发展的问题，即万物要发展就要找准自己的定位，归根结底是要"致中和"才能真正得以顺畅繁衍和发展。

一、以"中和"求"中节"

此"中"与"和"也是《中庸》之中极为重要的概念，《中庸》原文记述："喜怒哀乐之未发，谓之中；发而皆中节，谓之和。中也者，天下之大本也；和也者，天下之达道也。"（《中庸》第一章）所以，"中和"是关于一种动态平衡状态的描述，用喜怒哀乐这样的情绪来比喻"中"，就在这情绪将要爆发出来，却又含蓄的保持在这种将发未发的状态，让自己感受到了情绪对于自身的触动与浸润，却又不为其左右而对外界和他人形成影响，只默默地化为了自身内省和笃行的动力。《中庸》赞叹这种"中"的境界是"大本"是天命的本性，是天下之理的出处，是道的本体。天地自然也是这样一种状态，火山地热、狂风暴雨、海啸雷霆，自然含蕴着如同人之情绪一样的鲜明而狂躁的力量，却每每保持在了将发未发的状态，只把和风细雨留给了人间。而"和"则是描述情绪释放的适当与合宜，"发皆中节"的"中"是动词，发去声，表射箭中的、中靶的意思。《中庸》赞"和"的境界是遵循本性之道，是天下古今共同认可的对于道的运用。子曰，"射有似乎君子，失诸正鹄，反求诸其身。"（《中庸》第十四章）就是在说这样的道理，情绪的释放与爆发要有合宜而明确的目标，只有将情绪合理而适宜的疏导才能在即实现既定目标的情况下又不会对周围的人和事物造成影响，就如同自然界的火山爆发是由于地幔内部的对流与碰撞所产生压力的释放，如果这股压力得不到喷发的释放将会酿成更可怕的地质灾害，另外火山爆发后遗留的火山灰又给当地民众带来了许多财富，而这就是"中节"。

所以简单的说来，"中和"就是一种将强大的内在力量节制起来，只通过合宜的途径徐徐释放的状态。这在游戏行业中同样是有例子的，美国 VALVE 公司旗下的游戏平台 STEAM 现在是风行全世界的最大的电脑游戏发行与销售平台。它起源于 VALVE 公司早期最成功的一款产品，至今在世界范围包括中国都享有巨大美誉和知名度的游戏 CS（半条命），STEAM 游戏平台的雏形就是 CS 游戏专属的网络对战平台。这一时期的 VALVE 公司在电脑游戏界，应该算得上是数一数二的品牌了，但它最终选择了将这股巨大的影响力和吸引力节制了起来，并没有盲目地开发新的游戏产品，而是选择了将自己的平台和品牌开放给了当时许许多多发行无门、走投无路的小型游戏设计者和工作室，帮助他们走上了可持续的发展道路，也最终成就了自己，成就了今天囊括数千游戏作品，坐拥数亿全球玩家，身处电脑游戏世界核心中枢的 STEAM 平台。可以说 VALVE 公司就是通过为自己巨大的影响力和盈利能力寻找到了一个合宜的出口，也寻找到了这一能力释放的合宜方式，从"引而未发"到"发皆中节"，取得巨大成功的 STEAM 游戏平台就是其"致中和"的方式也是成果。

二、"和而不流"的竞合思维。

与其他一些公司的游戏平台如 ORIGIN 平台相比，STEAM 最大的不同之处主要表现在其从不敝帚自珍，平台上五花八门的各家游戏，并不会只限于发行自家公司的产品，平台上更有广受业界好评的"青睐之光"功能，发掘出了许许多多几乎除了作品一无所有的独立游戏开发者，帮助他们的作品与玩家消费者见面，被誉为游戏界扶贫项目。《中庸》载子路问强。子曰："南方之强与？北方之强与？抑而强与？宽柔以教，不报无道，南方之强也，君子居之。衽金革，死而不厌，北方之强也，而强者居之。"（《中庸》第十章）将商场比喻成战场，VALVE 公司在知名作品大卖全球时，在玩家消费者心中树立起的品牌形象实现了北方强者之强；但其却选择了"宽柔以教，不报无道"的华丽转身，以兼容并蓄的 STEAM 平台实现了南方君子之强，是故子曰："君子和而不流，强哉矫！中立而不倚，强哉矫！"（《中庸》第十章）STEAM 游戏平台的成功来源于"和而不流"，和合市面上所有的游戏从业者却又不流于普遍通行的敝帚自珍的设计原则，得以成就合宜而兴盛的通衢地位；STEAM 平台的强大更来源于其"中立而不倚"，这里的不倚有不依不靠的意思，始终有着自己根基，有自己的广受市场欢迎和好评的热销游戏产品也是 STEAM 平台得以地位超然，得以宽柔而教帮助独立开发者走上正轨，得以不报无道横眉冷对竞争公司平台产品群雌粥粥的根底所在，这也是"中和"的另一面，不可缺少的一部分。

类似于 STEAM 游戏平台这样的游戏产业形态，大约已经算是可以预见的未来内游戏行业的终极发展形态，其本身也已经超脱出一般的游戏作品而成为一个游戏传媒集团，因为它本身就集合了游戏产品发行出版、测评报告、玩家论坛等等众多形式的聚合，跨越了地理与空间的区隔，打破了语言与国家的界限，来自不同文化背景的游戏作品、艺术表达通过 STEAM 游戏平台传播给全世界的游戏玩家，鉴于文娱业在世界国民经济中地位和影响力的显著提升，研究成功案例如 STEAM 游戏平台，发展我国自己的游戏平台，借以传播中国文化、中国话语是十分必要而迫切的。而现状是国内现有的比较知名的游戏平台包括杉果平台和腾讯的 Wegame 平台基本上都处在萌芽状态，分销和运营的游戏总量非常少，只靠着独家代理某一两款国外引入的热门游戏吸引玩家，这与非平台性质的单个游戏代理运营商并没有太大的区别，游戏平台就难以质变成为大型游戏媒体。用中庸的思想来加以分析，这也是没能做到"中和"所导致的，前文已述"中"有"中立而不倚"之意，STEAM 游戏平台之所以成功的一个很大因素就是它所拥有的全球知名游戏产品 CS（半条命）和 DOTA2（刀塔 2），正是有知名游戏的支撑和人气引导，才让 STEAM 平台在萌芽期得以不依不靠地独立发展。反观国内的游戏从业公司，受限于发展时间过短，大多都还并没有真正属于自己的知名游戏品牌，更遑论用以支撑一个游戏平台的运营。最接近的例子莫过于腾讯所收购的全球著名游戏 LOL（英雄联盟），并以之为基础开发了风靡当下的手机游戏——王者荣耀，于是腾讯公司旗下的 Wegame 游戏平台毫无疑问是以这两款热门游戏为支撑的，那么它为什么还是没有真正发展起来呢？这就要谈到"中和"里的另一个"和"字，即"发皆中节"的行事适宜与"和而不流"的和合同行，这都是腾讯公司没能做到的。以游戏作品本身比喻为情绪的含而未发，以腾讯公司的游戏运营发行策略比喻为情绪的释放与发出的话，其释放的方法显而易见是不适宜的，近些年关于未成年人玩手机游戏一下刷掉父母家人银行卡数万数十万而酿成悲剧的新闻报道简直屡见不鲜，而这类新闻中的主角十之八九都是腾讯公司的游戏产品。可以确定的一点，只要是通过了国家相关部门审核而正式发行的游戏，其本身的内容和形式应该都是健康无害，只用于娱乐身心的，而之所以会酿成种种社会新闻中家庭悲剧，大半都归因于腾讯公司的游戏运营策略，其在游戏运营中设置的种种用于促进消费的心理暗示，尤其是包括诉之性感和暴力的文案和图像暗示，可以说是离"发皆中节"的适宜性所去甚远了。而说到和合同行的"和"就更无从说起，腾讯公司的游戏产品大多"山寨"抄袭于其他公司的优秀作品，其在业内同行者之间的口碑和形象应该是不言自明的了。自家作品"发不中节"，与同行相处又不和谐，合作无从谈起，也难怪腾讯公司的Wegame游戏平台上的优秀作品稀少，以至于显得如此冷冷清清了。

第五节　中庸之美：游戏作品的美学表达

黑格尔在其著作《美学》中，将"美"定义为"理念的感性显现，用理念确立了美的核心，用感性区别于理念的其它表现形式"，并认为"艺术是美的最高和最典型的形态，美学只须研究艺术就足够了"[①]。而中国的古典美学原则则大不同于欧洲美学将艺术作品作为研究对象的学术传统，中国的古典美学是一种活生生的"生活美学"，具有根本上的"生活化取向"[②]。虽然在中国的古代没有诞生美学这一学科，但中国传统文化中富含感性的因子，如儒家的"中庸""中和"，道家的"自然""有无"思想等，在许多与美学相关的问题上讲得比西方还要精辟和透彻，在某种意义上，"中国文化是一种美学文化"[③]。从古典建筑里的飞檐照壁，到屏风窗棱上的飞鸟走兽；从笔走龙蛇的书法文字，到留白写意的水墨国画，是儒道文化浸润身心而带来的审美情趣，是天人合一的大道思想带来的对自然造物的美学表达。电子游戏是一种多媒体娱乐方式，其中的画面、音乐、文学审美各擅胜场，尤其视觉

---

① 张法：《美学导论》，中国人民大学出版社，1999年，第18页。
② 刘悦笛：《儒道生活美学——中国古典美学的原色与底色》，《文艺争鸣》，2010年7月。
③ 陈望衡：《中国古典美学二十一讲》，湖南教育出版社，2007年，第4页。

画面媒介更是整个游戏作品的重中之重，一部作品的风格、情趣，大致的文化倾向和制作水平都能够在游戏画面上表现出来。如前文提到的任天堂《超级马里奥》系列游戏，其画面就非常简洁，以蓝天白云为背景，游戏人物等元素都表现为至简的卡通可爱风设计，传达出的信息就是简单易上手的全年龄游戏，是适合给小朋友游玩的益智游戏。又比如中国金山软件公司的《剑侠情缘》系列游戏，画面则大量使用水墨画风格制作的素材，游戏人物着唐宋服饰，建筑风格以江南水乡为制，只看画面便有一股浓郁的中国风情和文化气息扑面而来。所以谈到电子游戏，谈到对游戏制作的哲学思考就一定不能忽视对于游戏审美的探讨。

作为儒学心法，中庸思想代表了很大一部分中国人的审美旨趣，而其中最具代表性的几点应该是：

一、节制之美

朱熹注程子曰"不偏之谓中，不易之为庸"讲的就是中庸关于节制的两层道理，一层是不偏，不偏私不偏向，恪守中道即是天下正道，也即是美；第二层是说不易，就是要把这种恪守中道的节制品格作为一种日用平常到不自知的行为准则和审美情趣。强调了一种边界与尺度，只有处在适度之中的事物、情感和人格才是美的存在，中庸云："喜怒哀乐之未发，谓之中；发而皆中节，谓之和。"对情感的表现与表达讲求含蓄与留白。又如孔子评《关雎》"乐而不淫，哀而不伤"，就是主张无论是在现实生活，还是艺术创作和审美活动都要对情感加以一定的节制①。在电子游戏的画面中，节制之美就表现在不滥用绚丽的色彩与光影效果，随着技术的发展，在游戏或影视作品中想要表现大型的视觉效果已经是非常容易的事情，在好莱坞动作大片中常常可

———————
① 朱松苗：《浅谈孔子的仁学美学思想》，《古代文学》，2010年2月。

见的枪战和爆炸，又或者是在大制作游戏作品中常见的声势浩大的技能释放等战斗画面，中庸的节制之美就表现在能而不为之上，表现在为而适宜、发而中节之上，只有在游戏人物和剧情的冲突达到极致，再用宏大而激烈的画面表现这种冲突才是更高一级的审美。就如《泰坦尼克号》电影中，男女主角情到浓时发生的巨轮沉没才能够因势利导地将受众的情绪喷薄而出，才是节制之美。

二、中和之美

《中庸》有云："致中和，天地位焉，万物育焉。"中和之美强调一种整体性，致力于内部的转化和统一体中对立面的协调①。"和"在中国美学中具有极其重要的意义。和有两个最为重要的性质：其一，和是由多样元素构成的。和与同不一样，同是同一质的重复，和是不同质的融合；其二，和是化和，与同相比较，同只是量的增加，和则是质的改变。所以"和是创造"②。就如太极图一般，黑与白的两极和合在一起，你中有我我中有你。放在电子游戏作品中同样如此，出于地理位置或文化差异两极上的人物、建筑、服饰的冲突，能在剧情和画面上表现出强烈的冲突，而通过游戏进程的推进，两者最终和谐的和合在一起，予玩家一种圆满的心境和情趣。例如台湾大宇公司制作的《轩辕剑叁：云和山的彼端》讲述一个来自西方法兰克王国的骑士主角，游经威尼斯、阿拉伯、巴格达最终抵达中国唐朝的冒险故事，东西方的不同文化在游戏剧情中激烈的冲突，由西向东的历程中不断变化的自然风光、人文建筑和风土人情，文化间的异质一一展现，但最终又通过对普世价值包括爱与和平的追求，让隶属于不同文化背景的游戏人物之间达成了认可与理解，于是出于地理位置两极上的东西方文化也达成了某种和合，这正是游戏作品所能传达出的中庸中和之美。

①　金丹元：《中国古典美学漫谈》，海南出版社，1997年，第12页。
②　陈望衡：《中国古典美学二十一讲》，湖南教育出版社，2007年，第46页。

三、善德之美

儒家学说如果用一个字来高度概括，也许"礼"是一个确切的字，而乐在古代几乎是艺术的代名词，音乐、舞蹈和诗歌都在其中，于是儒家美学思想概括起来就是"礼乐"二字，其核心就是美与善，美与德的关系。中庸有云："虽有其位，苟无其德，不敢作礼乐焉"。可以看出儒学的审美旨趣是与道德旨趣紧密关联的，只有符合道德伦理，合真合善，方是美。游戏作品在策划初期就应该有这样的认识，即应该在作品中歌颂赞美什么而扬弃掉什么，而且在中国人的性格中，本心和目的论占有极为重要的地位，如《道德经》有云："上德不德是以有德。下德不失德是以无德。"（《道德经》第三十八章）即真正的德行是不以追求回报不以施恩图报为标准的，与西方文化所崇尚的公平合理交易原则所不同，中国人欣赏一种"事了拂衣去，深藏功与名"式的侠义精神，所以在游戏作品的剧情设计时，要在文学表现上注重平衡不同文化对于道德的审美情趣，最大程度地做到善德之美。

四、自然生态之美

子曰："知者乐水，仁者乐山"，中国美学的语境中，自然和生态之美向来是美的最高形态，中庸有云："万物并育而不相害，道并行而不相悖，小德川流，大德敦化，此天地之所以为大也。"就是认为天地万物的自然化育才是至美。在这一点上，东西方古典美学是有一定的分歧，黑格尔就是将美学直接理解成艺术哲学，但现代美学已经发生了转移，传自东方的生态主义进入美学的范畴，成为审美活动的重要视角，于是不是艺术美而是自然美成为典范的美[1]。在电子游戏作品中能看到很多例子，随着技术进步，游戏的画面表现力越发突出，通过游戏画面欣赏大自然的美景风光早已经是习以为常之事，其中更有类似

---

[1] 陈望衡：《中国古典美学二十一讲》，湖南教育出版社，2007年，第440页。

于美国暴雪娱乐公司制作的《魔兽世界》游戏，对现实世界中的自然风光加以夸张和加工放入其作品中，形成了独属于游戏艺术的超级大裂谷、大沙漠中的热带雨林等等，并将玩家受众的欣赏视角带入了现实世界难以达至的极端气候地带，如风雪漫天的极地风光与熔岩遍地的地心世界，瑰丽的自然风光与无尽的想象能力相结合的新艺术在电子游戏作品中表现得淋漓尽致。

五、慎独的君子之美

《中庸》有云："君子戒慎乎其所不睹，恐惧乎其所不闻。莫见乎隐，莫显乎微，故君子慎其独也。"（《中庸》第一章）儒家的礼乐传统讲的是社会美学，而君子与慎独之道，讲的则是人格美学，是一种人的内向传播过程，讲究在"为己中求己"来认识自己，并以超凡入圣为目标改造自己。人非圣贤孰能无过，但能在慎独的境界下，不断自诚与自新，便可称得上是君子了。所以慎独的君子之美应该有两层意蕴，第一层是内向传播式的自诚美；第二层是好学的自新美，子曰"学而时习之，不亦说乎？"[①] 学习与求知既是君子之美亦是君子之乐。"君子之道，辟如行远必自迩，辟如登高必自卑"（《中庸》第十五章），由卑下之境中不断奋斗与拼搏的向上过程正是一种君子之美。所谓慎独君子也正是从身边的点滴小事，个人所能达至之事作为笃行与思考的起点的。所以很多游戏作品也是这样，如美国艺电公司制作的著名游戏《模拟人生》系列，就是在游戏中模拟一个人在生活中所能经历的一切，从出生、受教育、工作、娱乐、婚姻、家庭，一直到死亡，发生在我们现实生活中的一幕幕被忠实的还原到游戏当中，却让全球无数忠实玩家乐此不疲，许多将自己的生活过得一塌糊涂的玩家却在游戏中将自己扮演的虚拟人物的生活打理得有声有色，克己懂礼、重

---

① 朱熹校注：《四书章句集注》，中华书局，2011年，第49页，《论语》学而第一。

视教育、勤勉工作，并在游戏中收获了完美的事业与爱情，相信每一个游玩过这款游戏的玩家受众都体会到了作品想要传达的理念，正是"辟如行远必自迩，辟如登高必自卑"，从身边点点滴滴小事做起以不断自新，改造自己的慎独君子之美。

第六节　中庸之道：游戏作品的跨文化传播要旨

中庸思想研究人心与人性，讲求和顺率性、自诚成物的自我修行，强调节制、中和、善德、自然生态、慎独君子展现出的自然之美、包容之美、适度之美的"中庸之美"，正是适合现今发展得如火如荼的电子游戏行业的指导思想。而电子游戏文化产业又正是当下中国激励促进文化走出去战略中的重点关照对象，如何用中庸的思想、中庸的美学予以具体的可操作性的指导，也是一个在前文所述理念塑造之后一个亟须解决的问题。为了为这一问题提供一些可行的解决思路，还是要进行具体案例的具体分析，下面便从公信力极高的游戏售卖下载平台中挑选最具代表性的两款游戏进行具体的案例分析：选取在苹果手机 2015 年手机游戏排行榜中中国区排名最高的外国游戏"部落冲突"（Clash of Clans），以及被列入苹果手机游戏 2015 年度精选的唯一一款国人制中国风游戏"万物生长"，这两款游戏作为案例，分析为什么它们的游戏设计能够突破文化间的壁垒，在异文化语境下取得成功。

一、展现节制与中和之美的"部落冲突"

"部落冲突"是芬兰游戏公司 Supercell 推出的经营策略类手机游戏，在全球范围的多个国家都取得了成功，不仅玩家数量众多，并且这些玩家几乎都给予了非常高的评价。这应该是与它明快鲜亮的画面设计风格，笨拙而卡通式的人物设计风格是分不开的。

（一）节制简约的画面设计。

明快鲜亮的画面是与向往光明与快乐的人性向合的，是一种最具包容式的中和之美，在"部落冲突"的游戏中大量使用了天蓝色、明黄色一类的大块明亮色调，葱郁的绿树和草地是常见的游戏布景，这样的画面设计也许不如所谓"哥特风"那样特立独行的惊艳画面能在一瞬之间抓人眼球，或是用黑暗与血腥一类的成人化风格刺激感官，但它是绝大多数人都能够接受的，既不会过于惊艳以至于受众有限，又不会落到毫无设计感可言的糟糕画面的境地，但就是展现出了一幅简约却不简单的自然之美。在画面设计的繁复与简洁这一对矛盾概念里，"部落冲突"游戏的设计师们遵守的是"允执厥中"理念，画面的设计既不会太繁芜又不会太过简单，自然界中常见的景物通过精心地挑选和展示，得到了令人满意的画面效果，虽然显得平淡而不出奇，却得到全球多个国家玩家的认可和接受。

（二）中和创新的人物设计。

笨拙而卡通式的人物设计风格也十分重要。在日常生活中，常常能听到"外国人长得都一样"的说法，因为对于人体自身包括相貌的审美，东西方是有很大区别的，反映到大脑中的识别能力也会受到一定的障碍。这样的障碍注定了写实风格的人物设计是无法在跨文化传播中取得好成绩的，反而是迪斯尼动画片用无数的例子证明了的卡通式的笨拙人物设计更能得到不同文明文化中人们的喜爱。这也是中庸之美的一种表现，就如同文学影视作品中最受欢迎的人物总是"不完美的英雄"和"有趣的坏蛋"，展现的正是"过"与"不及"之间的节制之美。与文学作品一样，游戏人物尤其是主人公的设计是整个游戏设计工作的重中之重，为了能够让不同的玩家，甚至是跨文化下的不同受众接受这样一种人物外形面貌，需要融合不同的性格取向和东西方面貌特征，在这样的前提要求下，中和之美是最具价值的设计思想，如同前文所提到的，中和之美是一种具有创造性的力量，包容不同的元素引发质的改变。在"部落冲突"游戏的人物设计中，就很巧妙的弱化了人物外形上的地域特征，而通过突出武器、徽章和服饰的方式来表现人物，并加入许多相互矛盾的元素来让人物设计深入人心，比如骑着猪的威武骑士和喜欢粉红色心形饰品的骷髅小兵就充分展现了中庸思想中"和"的精神，并非同一质的重复，而是不同质的融合与创造，收获了游戏中令人喜爱的各种卡通人物造型。

（三）自诚达诚的游戏维护。

从游戏性的角度来分析，"部落冲突"首先是一款经营策略类游戏，其重心是让玩家精心经营一块自己的部落，而后通过玩家间的合作一起抵抗敌人的入侵，或是玩家间进行战争攻防互动。游戏性的设计几近平庸，是无数游戏中都使用的经典游戏套路，但值得一提的是"部落冲突"设计者所把握住的适度更新原则，JonasCollaros 是该游戏的程序设计师，他在接受媒体采访时说："如果玩家觉得在游戏中的某一项工作太过复杂或烦琐，公司就会通过频繁的进行更新来不断改善这样的情况，每次更新时都从顾客身上借用了非常重要的东西，会有像是整修一般的心情"①。同样的游戏经历比如杀怪升级，比如搜集资源，不断重复的游戏过程是否会让玩家感到厌烦，新游戏要素的添加是否受到欢迎，这些都决定了游戏是否好玩的体验，而"部落冲突"游戏的设计师们的做法是通过不断地与玩家和受众进行积极沟通，不断地对游戏加以更新和完善，这样的做法不正是"不断自诚以达诚，不断修道以达道"的中庸思想的表现么。

跨文化传播并不是一蹴而就或一劳永逸的，不断思考、适应和创新是中庸之道在跨文化传播上的体用。

---

① 凤凰网游戏：《〈COC〉开发者分享游戏长期受到支持的秘诀》，http：//games.ifeng.com/yejiehangqing/detail_2015_03/06/40693857_0.shtml。

二、展现自然与慎独之美的"万物生长"

"万物生长"是北京乐恒互动公司的一款独特的游戏，之所以说其独特是因为这款游戏简单到无法归类，其游戏方式可以概括为一句话：控制一株植物生根发芽不断生长的过程。在游戏中，玩家只能控制植物的小芽不断的向上生长，通过唯美的水墨背景画面变迁历经四季变换，这样奇异而单调的游戏方式神奇的予人一种宁静悠远的感受，在孤独中不断生长的过程仿佛是在暗喻着人生。游戏的设计者陈虹曲和陆雨苗在接受采访时也说："万物生长是我对'成长'这一主题的理解和诠释。在游戏的最后是一段破土黎明前最黑暗的旅程，是最为困难和孤寂的时刻，陪伴自己的只有影子，而用这样的设计是希望玩家能够体会坚持到最后的重要。"①

（一）不偏不倚的创新之美

朱熹注中庸二字曰："中者，不偏不倚、无过不及之名。庸，平常也"。朱子除了强调"中"的不偏之外，还着重讲了"中"的不依，强调了"中"在不偏私不偏废之外，还要有独立存在于世间的能力，放到游戏设计的语境中，讲的就是游戏设计的独创性和开创性，不用借鉴抄袭别人的游戏创意，只依靠自己独特的创造就能形成风格、获得成功。

（二）自然生态之美的画面风格

《万物生长》是一款带有强烈艺术感的独立游戏，玩家操控一颗植物在黑暗的地底向着光明生长的过程中频现的各式星空与精致花卉，以及植物生长时展现出的优雅和美感都带着一种独特的自然之美，对玩家的视觉冲击很明显。从各个方面来说，都是一款"很漂亮"、第一眼容易产生好感的游戏。于是，这样一款中国人设计的游戏能够被外国人接受和推崇也就顺理成章了。同时富含东方意蕴的水墨画所独有

---

① 触乐网：《〈万物生长〉的生长故事》，http://www.chuapp.com/2015/10/15/205557.html

的留白意境，仅仅用黑、白、花和蝉几种简单的元素，就描绘出了一幅流畅而又悠远的自然界四季变换的图景，展现了一种"致中和，天地位焉，万物育焉"的淡淡禅意，正如前文提到的自然化育之美才是天地间的至美。

（三）慎独君子之美的意境风格

从游戏性的角度来说，游戏展现了一种"慎独君子之美"，描述一株植物孤独而单调的生长过程，其中会遇见深埋在地底的蝉，它们可能是朋友，也可能是敌人；也会遇见花朵，它们则是亲人和爱人。而不断向上生长的植物本身终究是孤独的，唯有坚守本心方能抵达破土成功的彼岸。设计者期待玩家们能从中领悟到"莫见乎隐，莫显乎微，故君子慎其独也"的道理：在这样孤独而内省的人生旅程中，任何一点微小的心理活动都被放大到极致而成为影响"达道"成败的关键，在孤寂的自省中，每每总能发现一股光明，这股光明是一些光明正大的思想和信念的感召，这样的思想和想念可能是爱、可能是牺牲，或是其他，正是这样的光明总能在黑暗中指引人们不断向前，抵达至诚的彼端，"自诚明，谓之性；自明诚，谓之教。诚则明矣，明则诚矣。"慎独之美就是《中庸》所述的"诚"之美，是光明正大之美，是普世的人心之美，这样包含东方哲思与意境的美妙故事同样是游戏能够在西方市场上成果的重要原因。

跨文化传播不仅要注重外在，更要注重内在。如同好莱坞电影在炫目的声光效果之下，讲述的是一个个结构简单却闪烁着人性美好的故事。中国文化的对外传播也应当如此，享誉世界的水墨写意画、剪纸画、木偶戏、舞龙舞狮之下，也许还应该传达出一些简单易悟的中国哲思，这样能起到更好的效果。

第四章　敦厚崇礼:《中庸》思想与
人际传播纲领

　　本章首先通过对"中"与"庸"的含义剖析与关系解读，概括出了中庸的本质内涵与当代意义；其次，又对人际传播的相关概念与形式、特征、功能进行了系统的分析与阐述。又次，将中庸关于人际传播方面的观点概括为四个基本关系，"仁"与"礼"，"义"与"利"，"和"与"变"，"中"与"度"，然后从这四个基本关系出发，对中庸在人际传播方面的智慧进行了当代意义上的解读与分析；进而对现今社会人际传播的现状与问题进行了简要总结；最后在本章的结尾处，结合中庸之道，提出了解决现今这些人际传播问题的建议与对策。

　　随着社会经济与信息革命的迅猛发展，当今社会也发生了翻天覆地的变化，人际传播关系变得更加复杂，不仅其形式更加多样化，而且许多不同种类的人际关系的内涵也发生了很大改变。如微信、微博等社交媒体给人际传播的方式、内涵、传播模式带来的许多变化，这种改变固然有信息革命带来的便利之处，但是同时也存在着许多问题。

　　要如何处理现代社会纷繁复杂的人际关系，需要一套系统科学且适合中国国情的相关理论体系，而中国传统儒学作为一种以人际关系为本位的伦理哲学，它致力于研究和解决人际关系问题，希望通过处理好人与人之间的关系，达到天下有道的政治目的，实现四海为家的社会理想。

　　良好人际关系的根基是品德，即"仁"，核心是真诚，表现是和谐，而这些也正是中庸思想的本质要求。当今社会的人际传播关系总体表现较为浮躁，为了解决这种问题，本章以《中庸》思想为观照对象，希望能为现代人际关系的处理提供一些参考与启迪。

　　从理论上来说，中庸思想的产生与发展由来已久，但是有关中庸与人际传播的关系探索方面，相关文献虽然数量不少，但是总体研究深度不够，而且在社交网络与自媒体迅猛发展的今天，我们有必要对中庸之道与当代人际传播的关系进行新探索，总结出中庸与当代人际传播存在的相通之处，使其具有理论支持。本章将通过借鉴前人研究成果等方式，综合运用众多学科理论，将中庸与当代人际传播的关系探索研究向前推进一步。

　　随着信息革命与社交媒体的迅猛发展，当代人际传播的模式、方法与路径都发生了许多变化，这种变化对社会发展存在着多方面的影响，为了对这种影响进行深层次的探究，也为了趋利避害，更好地促进当代人际传播关系的健康发展，我们选取儒学经典中庸作为处理人际关系的科学准则，希望能为现今浮躁的社会关系网络带来一些参考与启迪，并提出相应的建议与对策，促进当代人际传播的良性互动发展。为此，本章结合现今社会人际传播的最新发展现状，对中庸与当代人际传播的关系进行新一轮的整合分析与探索，具有更强的时代性与实用性。本章也对前人关于中庸与人际传播的理论进行了较为深入的学习和研究，在总结前人的经验教训的基础上，对中庸中涉及的几个基本领域与关系，以及中庸如何处理这些关系的基本原则与措施，进行了重新地整理和归纳。

第一节　中庸与人际传播的研究回顾与概念辨析

《中庸》所阐发的中庸思想历经千百年的流传已经成为中华民族待人处事的思想原则，型塑中国人的民族性格，有必要加以系统深入研究，并基于时代背景加以扬弃。

一、中庸思想与人际传播的研究回顾

为了更好地探讨《中庸》思想与人际传播的内在关联，有必要把握两者的研究现状。

（一）《中庸》及其中庸思想的研究综述

国内关于中庸的文献数量颇多，不管是早期各种古代名家对其的注解，还是近代对其的种种新诠释，而且还有许多当代学者对其进行系统梳理与总结。这些关于中庸的研究大体可分为几个阶段：1978—2000 年，此时关于中庸的研究主要集中于其基本概念探析，2000 年之后，关于中庸的研究数量逐渐增多，而 2008 年之后，关于中庸的研究文献数量更是呈井喷趋势，研究视角也更加多元化。

总体来说，目前对中庸的研究主要分为以下几个方面：

1. 对中庸基本的概念、概念群与特点进行详细界定与探析。

如李卯在《性—道—教：〈中庸〉的生命教育思想研究》一文中，通过"天命之谓性，率性之谓道，修道之谓教"三个连贯的方面，从性、道、教三个角度对中庸的概念群与模式、路径进行了系统且深刻的剖析，总结出了中庸乃是社会本位论，是个体价值与社会价值的统一[①]；黎红雷在《"中庸"本义及其管理哲学价值》中，通过追本溯源，总结出"中庸"具有中正、中和、时中、用中、平常、不变、恰到好处、不偏不倚、动态平衡等多重的丰富内涵，与"正—反—中"的中

[①]　李卯：《性—道—教：〈中庸〉的生命教育思想研究》，湖南师范大学学位论文，2014 年。

庸辩证方法论①；孟耕合在《北宋〈中庸〉之"诚"思想研究》一文中，专门选取中庸中的一个核心范畴——"诚"，将"诚"从道德、人文等多个范畴进行了具体剖析，并且从天道之诚、人道之诚两个具体层面对其进行系统阐述②；庞朴在《"中庸"平议》一文中，将"中"与"庸"两字进行分别诠释，并对中庸的三种含义，四种形式进行了归纳整理，揭示了中庸在构造儒学体系中的杠杆作用③；

2. 研究视角方面，近些年关于中庸的研究多集中于管理学与组织传播方面，其中尤以中庸的管理学探析是研究热点，对中庸中蕴含的管理之道与智慧进行详细剖析。

如邵爱国在《中庸之道的管理智慧及其现代价值》一文中，从适度、整体、权变与和谐四大原则出发，将中庸式管理总结为：顺道的管理、和谐的管理、整体的管理、适度的管理和权变的管理，通过员工行为与组织效能各因子的相关与回归分析，对企业管理与中庸之道进行了梳理总结④；陈建勋在《领导者中庸思维与组织绩效：作用机制与情境条件研究》中，以高层领导者的中庸思维为自变量，进行了实验研究，验证了高层领导者的中庸思维对组织两栖导向和组织绩效具有显著的正向影响⑤；高力在《孔子中庸管理思想的当代启示》中，从文化心理、思维模式、价值取向、行为方式等层面出发，对中庸的管理智慧进行了深层次的挖掘和整合，试图建构一套与传统文化相结合，并且适合中国人自己的管理理论和体制⑥；邓美芹在《中庸智慧与现代

---

① 黎红雷：《"中庸"本义及其管理哲学价值》，《孔子研究》，2013 年第 02 期，第 36—47 页。

② 孟耕合：《北宋〈中庸〉之"诚"思想研究》，复旦大学学位论文，2009 年.

③ 庞朴：《"中庸"平议》，《中国社会科学》，1980 年第 1 期，第 75—100 页。

④ 邵爱国：《中庸之道的管理智慧及其现代价值》苏州大学学位论文，2003 年。

⑤ 陈建勋，凌媛媛，刘松博：《领导者中庸思维与组织绩效：作用机制与情境条件研究》，《南开管理评论》，2010 年第 2 期，第 132—141 页。

⑥ 高力：《孔子中庸思想的当代启示》，《辽宁教育行政学院学报》，2010 年第 5 期，第 13—15 页。

企业文化管理》一文中，提出将"通权达变""致中和""至诚尽性"应用于企业的文化管理实践，但要避免中庸的局限，如压抑个性、抑制创新等，最后得出结论：要充分发挥中庸在管理方法论和伦理学方面的优势，构建具有时代精神和本土风格的文化管理模式[①]；孙风君在《〈论语〉"中庸"思想及其现代管理思考》中，从"中庸"的原则性与灵活性出发，通过理念管理、技术管理、目标管理三个层面，将"中庸"独特的管理内涵进行深层次挖掘，并将"中庸"的目标归结为人与人的和谐，人与己的和谐和人与环境的和谐[②]。

3.总体研究方向方面，主要是从中庸的方法论出发，对其当代价值与普世意义进行探索。

陶肖云在《中庸方法论研究》一文中，从构建和谐社会出发，将中庸的方法论系统归纳为：适度原则，中节、中用、中立、中行、中正等行为规范，执两用中的具体践行方法，力图以"中"为原则、以"和"为目标，最终促进自我身心的和谐、人与人关系的和谐、人与社会关系的和谐、人与自然关系的和谐等多层次和谐发展[③]；王帅在《中庸方法论研究》中，从本体论、认识论、方法论、工夫论、境界论等多个层面出发，对"用中""时中""诚"等中庸方法论进行了具体阐述，并且归纳总结了其中庸方法论对于实现"仁礼合一""知行合一""天人合一"等的功用[④]；孔宪峰在《"中庸"的本义及其时代价值》一文中，通过对中庸历史文本的回归，考察了"中庸"作为哲学范畴和方法论的本真内涵，并对中庸"致""和"的时代价值意蕴进行了深层次探究[⑤]；孔宪峰在《论"中庸"的价值诉求》一文中，对中庸从宇宙观、道德观意义上的本然价值进行深层次探析，而后从身心之和、

① 邓美芹：《中庸智慧与现当代企业文化管理》，山东师范大学学位论文，2013 年。
② 孙风君：《〈论语〉中庸思想及其现代管理思考》，青岛大学学位论文，2013 年。
③ 陶肖云：《中庸方法论研究》，广西师范大学学位论文，2009 年。
④ 王帅：《中庸方法论研究》，辽宁大学学位论文，2015 年。
⑤ 孔宪峰：《"中庸"的本义及其时代价值》，《理论导刊》，2010 年第 9 期，第 28—32 页。

人际之和、人与自然之和、人与社会之和的实然价值进行探索，将中庸的内涵挖掘出来，使其更富时代指向性[①]；许庆朴在《论中庸的现代性转化——从中庸和现代方法论相结合生成的中论论起》一文中，选取中庸的执中、和中、权中，并将其与现代方法论的对立统一关系进行了深刻剖析，并且通过分析与综合、质量互变等方法，使中庸进入中同、中合、中度的理想状态，实现其现代性转化，成为适合当今社会发展的方法论[②]。

（二）人际传播研究的文献回顾

目前国内关于人际传播的文献数量相当多，不过近些年研究方向主要集中于新媒体与人际传播，社交媒体给人际传播带来的新变化等领域。

如曹文欣在《微信中的人际传播研究》一文中，通过对微信的起源和人际传播优势的分析，结合社会渗透理论、传播隐私管理理论、戏剧理论、社交信息处理理论等人际传播理论，对微信的人际传播过程、人际传播情境、特点及影响和发展趋势进行总结，最后总结出微信用户的自我意识较强，且这种虚拟情境有利于促进人际交往范围的拓展[③]；郭敏在《新媒体背景下的人际传播变迁研究》中，将现代人际传播的特点总结为：延伸性、隐匿性、混杂性、多媒体等，指出人际传播媒介的未来发展方向是不断满足人性化需求，最后得出结论：新媒介最大程度发挥了人际传播的组织、娱乐、监督等社会功能，并且指出现代人际传播包括了组织传播、群体传播、大众传播等多种传播类型，必将走向全景式、部落化传播[④]；彭兰在《网络中的人际传播》

---

① 孔宪峰，周秀红：《论"中庸"的价值诉求》，《孔子研究》，2011 第 4 期，第 39—46 页。
② 许庆朴，史家亮：《论中庸的现代性转化——从中庸和现代方法论相结合生成的中论论起》，《山东师范大学学报》，2011 第 6 期，第 60—72 页。
③ 曹文欣：《微信中的人际传播研究》，北京邮电大学，2015 年。
④ 郭敏：《新媒体背景下的人际传播变迁研究》，郑州大学，2013 年。

一文中，对网络人际传播的方式、特点进行了初步的研究分析，并且指出人际传播与网络中的其它传播形态相互交融、相互作用，最后说明了网络人际传播对于人际传播活动、人的社会化等方面可能带来的影响[①]。

（三）中庸与人际传播关联研究的文献综述

关于中庸与人际传播的研究，近些年由于新媒体带来的人际传播网络与模式特征的剧烈变化，所以关于此方面的研究数量也较多。

1. 最主要的研究方向，是关于中庸之道与现代社会的和谐人际关系方面。

如彭文会在《基于中庸－和谐的人际幸福感》一文中，从情绪的平和感、认知上的中正感两个维度出发，又从自我修养的自制性、待人的包容性及结构的平衡性等层面构建了基于中庸－和谐的人际幸福感的靶网络模型，最后从中庸的角度为提高人际幸福感提供方法与对策[②]；高敏在《论〈论语〉交往艺术的中庸之美》中，从以"礼"为核心的君臣关系、以"情"为核心的孝悌理念、以"诚"为核心的师生关系、以"信"为核心的交友理念四个主要层面出发，试图建立和谐的人际关系，缓解现今人际交往经济化、功利化的问题[③]；蒋曼在《论中庸之道在现代社会人际交往中的应用》中，从中庸的含义解读、中庸关于人际关系的主要主张等角度出发，力求恰当地处理好人与自然、人与社会、人与人之间的关系[④]。

2. 另一个重要的研究视角，则是中庸与中国社会独有人际传播模

①　彭兰:《网络中的人际传播》,《国际新闻界》,2001 年第 3 期, 第 47—53 页。

②　彭文会, 黄希庭:《基于中庸－和谐的人际幸福感》,《西南大学学报》,2015 年第 2 期, 第 73—79 页。

③　高敏:《论〈论语〉交往艺术的中庸之美》, 曲阜师范大学, 2013 年。

④　蒋曼:《论中庸之道在现代社会人际交往中的应用》,《经营管理者》,2010 年第 14 期, 第 90 页。

式的互动研究。

如沈毅在《人缘取：中庸之道的人际实践——对中国人社会行为取向模式的再探讨》一文中，从中国社会的独有特征——"人缘"圈子出发，对中庸之道与良好"人缘"取向之间的关系进行了深刻的探讨，最后指明：这种人际实践本质上是一种阴阳思维的实践方式[①]。"不争""忍让"，即是一种以长远利益为目标的"争"的方式，长期压缩、隐藏自我的方式本质上也是一种保护自我、赢得资源的策略，为中庸与人际传播的关系探讨提供了新思路。

综合整体研究现状，我们可以得出以下结论：

其一，从宏观层面来看，关于中庸的总体研究还是取得了很大的成果，但是从微观层面而言，这些研究大多集中于几个主要维度。

其二，关于人际传播的文献数量总体较多，近几年又涌现了大批关于人际传播与新媒体发展的相关研究，但是从中庸角度对人际关系进行新探索的较少。

其三，而关于中庸与人际传播的研究，大多着眼于中庸的本质特征：和谐与人际传播的关系构建问题，而对于新时代下社交媒体迅猛发展、人际传播模式大大变化这方面的探索还较少。

因此，本章基于中庸的本质内涵为出发点，整合前人对中庸思想的相关研究，并且对新媒体迅猛发展下的人际传播现状与特点进行新的整理与归纳，最后对中庸之道与当代社会人际传播的结合做出新探索，提出相关的建议与对策。

二、中庸与人际传播的概念辨析

为了更好地借鉴中庸思想，促进人际传播实践的优化，我们有必要来了解何为"中庸"，何为"人际传播"。

---

① 沈毅：《人缘取向：中庸之道的人际实践——对中国人社会行为取向模式的再探讨》，《南京大学学报》，2005 年第 5 期，第 130—137 页。

（一）中庸的概念辨析及其当代意义

中庸概念曾经被污名化，理解为做老好人、骑墙，等等。其实，中庸正是中华民族奉献给世界最宝贵的思想遗产。因为中庸是避免人类行为走向极端，导致激烈冲突的指导思想，也是激励人们开拓创新的行动指南，即通过中庸的把握，来充分发挥人的主观能动性，创造美好生活。

1.中庸的含义解读

中庸之道亦被古人称为中道或中和之道。何谓"中庸"？孔子是从伦理政治角度提倡"中庸"的第一人，他在《论语·雍也》中说，"中庸之为德也，其至矣乎，民鲜久矣"①。

何为"中"，因为其没有明确的内涵所指，所以人们对"中庸"的解释历来众说纷纭，莫衷一是。"中庸"之"中"，为历代人所重视并不断重新阐释。从先秦时期开始探寻，"中"字在先秦古籍中有三层意义：一指中间或两者之间；二指适宜、合适、合乎标准；三指人心、内心的和谐境界；而后来的古今大多数注疏家将"中"解释为正，不偏不倚，中度合节；当代的著名语言学家杨伯峻先生在《论语译注》里将"中"解释为"最合理而至当不移"②。

其实，"中"既是内在的辩证规定，又是外在的超越性。"中"真正的表征应该是一个恰切的"度"，是一个在面对复杂对象时精确把握事情的"分寸"。"中"强调的度既不能过，又不能不及，它所强调的是这种合适的度。同时，"中"还意味着合乎一定的标准或法则，意味着与人的生命和谐感具有某种同行同构的心理内在性。

何为"庸"，人们在此"庸"字的理解上更是见仁见智。"庸"字本身有两种含义，其一是"常"，即常道、常理，"常道"就是指"事物内部相对稳定不变的本质和规律"；其二为"用"，这里"用"指的

① 杨伯峻:《论语译注》，中华书局，2009 年，第 72 页。
② 杨伯峻:《论语译注》，中华书局，2009 年，第 35—48 页。

是方法论，重在强调实践意义，"中庸"即"中用"。古时与现代，大家一般把"庸"一般解释为平常、日常。庞朴认为："中庸不仅是儒家学派的伦理学说，更是他们对待整个世界的一种看法，是他们处理事物的基本原则或方法论。"①"这样的'中'，已经不是道德范畴，而属于认识领域了。这就是说，'中'不仅是善，而且也是真"。李泽厚认为："'中庸'者，实用理性也，它着重在平常的生活实践中建立起人间正道和不朽理则。"执两用中，用中为常道，中和可常行，这三层互相关联的意思，就是儒家典籍赋予"中庸"的全部含义。

　　而把对"庸"字之含义还原到古代语境中，我们可以得到一些新启发。汉代许慎认为，"庸者，用也"。用，就是实践，是把握到纷繁复杂的事情的度，并将这个度运用到生活与实践中。三国何晏《论语集解》将"庸"解释为"常行之常"，北宋程颐解释为"不易"，南宋朱熹则解释为"平常"；《尔雅·释诂上》："庸，常也。"②具体指常行常道。中庸的本意应为中道和常道，即日用常行之"礼"。

　　"不偏之为中，不易之为庸"。为人之道就在"中庸"二字，不偏不倚，矢志不渝。但是中庸本质上不是一般的平庸平常，因为"中庸"是由"礼"转化而来，是礼的哲学化和理论化。这种礼不是社会中的制度规章抑或繁文缛节，而是人们自身的思想观念和价值体系对每个人的基本要求。这意味着，中庸不是平庸，更不是日常的放纵和失度，而是用更高的合于"礼"的要求来约束自己，使人不要去追求过多的外在物质附加物，不要对人生做太多的欲望贪婪的"加法"，不要往自己身上叠加过多的名誉、地位、财富。真正的人生应该把握合适的"度"，在做生命的"减法"中得其本真之"度"——做事需不偏不倚，

---

① 庞朴：《"中庸"平议》，《中国社会科学》，1980年第1期，第75—100页。
② 《尔雅·释诂上》转引自：汉语大字典编辑委员会编纂：《汉语大字典》（2），四川辞书出版社、崇文出版社，2010年，第955页。

不去做太多违背本职的事，只需依循我们正常平常的生活规律去做①。

"中庸"启示人们戒贪、戒躁、戒欲、戒满，戒除之后，人才是真人，才会成为守节持中恒常有度的君子。②简而言之，中庸其实就是儒家系统阐发的，关于提高人的基本修养、关于把握一种适当的度，关于一种理想的内心与人际传播状态，进而达到太平和合的一整套理论与方法。

2."中"与"庸"的关系

"中"为原则与方法路径，"和""庸"为目标。事物的各个部分处于中的状态，事物之间的关系处于一种中的状态，那么整个世界就处于一种和的状态。

在儒家看来，"中"并不是简单地把一事物除以二，取其中项，中是适宜、适度、恰好的意思，而且每个人、每种关系、每件事情的中项是不同的；"庸"就是经常，就是规律；合起来就是经常把握这个适宜的度，坚持不懈。

3.中庸的当代意义

在现代社会，有人把"中庸"理解为平庸、妥协、保守。其实，"中庸"并非现代人所普遍理解的中立、平庸，其主旨在于修养人性。

中庸的主要内容包括学习的方式：博学之，审问之，慎思之，明辨之，笃行之；儒家做人的规范："五达道"（君臣也，父子也，夫妇也，兄弟也，朋友之交也）和"三达德"（智、仁、勇）等。

中庸之道的主题思想是教育人们自觉地进行自我修养、自我监督、自我教育、自我完善，把自己培养成为具有理想人格，达到至善、至仁、至诚、至道、至德、至圣、合外内之道的理想人物，共创"致中

---

① 沈毅:《人缘取向：中庸之道的人际实践——对中国人社会行为取向模式的再探讨》，《南京大学学报》，2005年第5期，第130—137页。
② 沈毅:《人缘取向：中庸之道的人际实践——对中国人社会行为取向模式的再探讨》，《南京大学学报》，2005年第5期，第130—137页。

和，天地位焉，万物育焉"的"太平和合"境界。简而言之，中庸所追求的修养的最高境界是至诚或称至德。

在中庸的地位方面，中庸是人际关系处理的理想状态，更是人们品德修养的最高层次，人生的最佳境界，同时，它又是通向这一境界的必由之路；它既是我们的目标，也是实现这一目标的途径与方法论。儒家把"中庸"看成是一个最高的道德标准，也是解决一切问题的最高智慧。

"中庸"不"中"更不"庸"。相反，它还具有很强的现实意义。

（二）人际传播的概念与特征分析

人际传播是人与人在互动中建立关系，共享意义，确立自我观念的过程，是个体社会化的基本路径。精通人际传播之道，是个体成长的必备素养，也是成功的基础。

1. 人际传播的概念与要素

首先是从信息与意义层面为人际传播下定义，人际传播，最简单明了的解释即是指个人与个人之间的信息交流。20世纪80年代中期，美国人际传播学者麦克罗斯基、里奇蒙和斯图尔特三人合作，共同创作了人际传播学专著《一对一，人际传播的基础》，在这本书中，作者重新梳理了人际传播概念的要素，将人际传播置于双人的、一对一的传播情境中，确立了人际传播是人与人的意义交流这一观点，并将人际传播定义为：一个人运用语言或非语言信息在另一个人心中引发意义的过程①。

这个定义围绕几个重要的概念要素，呈阶梯式一步步展开，这些要素分别是信源，接受者，讯息，渠道，反馈，目标，和情境。

其次是从传播情境方面为人际传播下定义，人际传播是一种社会

---

① 王怡红:《西方人际传播定义辨析》,《新闻与传播研究》,1996年第4期,第72—79页。

的活动，任何人的生存都离不开和他人的交往。在人们间的交往活动中，人们相互之间传递和交换着知识、意见、情感、愿望、观念等信息，从而产生了人与人之间的互相认知、互相吸引、互相作用的社会关系网络。我们将此称为"人际传播"。

2. 人际传播的主要形式

基于人际传播媒体形式的差异，我们可把人际传播划分为直接传播和间接传播两种形式。所谓直接传播，指的是古来已有的传播者和受体之间无须经过传播媒体而面对面的直接进行信息交流的过程。直接传播主要是通过口头语言、类语言、体态语的传递进行的信息交流，这种方式可以使传者与受者直接沟通，及时反馈信息，并共聚一堂，产生亲切感，从而增强传播效果。

间接传播主要是指以媒体为中介的间接传播，这种传播方式的大背景主要是第三次科技革命后，即现代社会里的各种传播媒体出现后，而使用的媒体主要是电话、交互电视、计算机网络、书信等，它可以使传者与受者克服空间上的距离限制，从而提高传播效率，且大大拓展人际传播的范围。

3. 人际传播的特征

（1）感官参与度高

在直接性的人际传播活动中，由于是面对面的交往，人体全部感觉器官都可能参与进来，接收信息和传递信息。即使是间接性的人际传播活动，人体器官参与度也相对较高。

（2）信息反馈的量大，且反馈速度快

在面对面的人际信息传播中，我们可以迅速获悉对方的信息反馈，随时修正传播的偏差。传播对象也会对你的情感所打动，主动提供反馈意见。如果有了传播媒体的中介作用，信息反馈的数量和速度都将受到限制，因为冷冰冰的媒体可能会使传播对象不愿参与反馈意见。

（3）信息传播的符号系统多

人际传播可以使用语言和大量的非语言符号，如表情、姿势、语气、语调等等。许多信息都是通过非语言符号获得的，而相对而言，大众传播所使用的非语言符号则较少。

另一方面，人际传播传递和接收信息的渠道多，且方法灵活。

（4）社会性

人际传播具有明显的社会性特征。个人独白或自言自语等仅仅为了满足自己的需要而发出的语言，不会构成人际传播。人际传播的语言是具有社会性的语言。每个人都是信息的发出者，同时又是信息的接收者，即在影响别人的同时，也受到他人的影响。

4. 人际传播的功能

我们可把人际传播的功能归结为三个主要方面，即信息沟通、思想沟通和情感沟通。具体来说，主要分为以下层面：

（1）促进信息传递，传播效果更佳

由于人际传播是通过人际关系的运转进行传播的，传播者处于主动地位，有目的地、有针对性地进行信息传递，因而比较容易以情感打动对方，使接收者易于认同。所以，其传播效果要优于其它传播方式。

（2）较快获得反馈，促进传播活动的改善

人际传播可以较快的速度获得反馈信息，促进传播活动的改善。由于人际传播无须经过传播媒体的中介作用，通过人际关系的直接交往，动之以情，晓之以理，即能迅速收到反馈信息，重新调整传播策略和方法。

（3）更利于沟通人际感情

人际传播更易于沟通人际情感，弥合裂痕，建立起相互信任与合作的关系。长期的交往，难免由于语义失当或误解等原因，造成人之间的不信任。要挽回不良影响，人际传播则是一个重要途径。在人际传播中，我们可以运用情、理、义并重的攻心原则和方法，配合一定的说服艺术，有针对性的解决对方的思想顾虑，扭转以往形成的某些成见。

5. 人际传播的主要动机

人是社会动物，必定要在群体中获取生存的基本资源。因此，人基于以下动机来开展自我对话以及自我与社会关系的互动过程。

（1）寻求关于生产、生活和社会的有用信息从而进行环境适应决策。

（2）建立社会协作关系。

（3）自我认知和相互认知

（4）满足人的精神和心理需求。

图 7：中庸之道

第二节　中庸的四个基本关系及其当代启示

中庸思想体系包含有仁与礼，义与利，和与变、中与度四个维度，它们共同演绎着中庸的基本精神，努力在"致中和"实现以仁行礼，义利和同，和变有度，中度调和，以此来调整人际关系，实现关系和谐，生活幸福，国家昌盛，世界和平。

一、"仁"与"礼"

儒家思想既是受我国古代封建传统伦理思想影响的产物，它的产生与发展又进一步促进巩固了这种传统文化与秩序，而从本质上来说，中庸也是一种以纲常礼教为核心的中国式道德人文思想①。

因此，中庸思想在人际传播关系的处理上，一直都围绕着这对儒家最重要的伦理范畴———"仁"与"礼"的关系。"仁"者，即"仁者爱人"，表现为对世间的其他人和事无私的爱与关怀；"礼"者，表现为封建的伦理纲常，即"爱有差等"。现代社会虽然不像古代那样有着森严的等级之分，但是社会关系网络中固有的次序还是牢不可破的。

而中庸是如何平衡这两者之间的关系，这其中的平衡艺术值得我们详细研究。在此我们将其分为三个层面进行阐述，即次序观与"仁"，角色定位与互动影响，因人制宜与"诚"。

（一）强调社会关系网络中的固有次序的同时，坚持以"仁"为核心

1. 中庸"爱有差等"伦理观的本义

中庸的伦理观体现在人际关系上，就是"爱有差等"。众所周知，儒家最重视人伦，人伦就是由己及人而形成的社会关系中的等级差序。孟子所谓"老吾老以及人之老，幼吾幼以及人之幼"，也是要求首先爱自己的老人和儿女，再推及其他的老人和儿童，可见这种爱是有先后、亲疏程度的差别的②。

"爱有差等"的主张，是在"仁"中融入"礼"的内容，使仁爱具有亲疏远近贵贱的区别，从而打上等级差序的烙印；同时，"礼"又受"仁"的制约，在等级划分中注入天然的骨肉之爱，从而使等级制度造成的人际间的紧张关系得以缓和③。

---

① 陈广西，王延涛：《简论中庸思想的发展》，《开封教育学院学报》，2000 年第 3 期，第 12—14 页。

② 张瞳：《从〈中庸〉看儒家文化传播的现实意义》，《青年记者》，2015 年第 21 期，第 30—31 页。

③ 蒋曼：《论中庸之道在现代社会人际交往中的应用》，《经营管理者》，2010 年第 14 期，第 90 页。

2. 现代社会秩序观的新诠释

而在现代社会中，古代的那种森严等级已然不复存在，但是只要有人际关系网，只要有社会，那么必定会存在一定的秩序。尤其是现今社交网络发达、自媒体迅猛发展的当代社会，更加需要提倡中庸之道的这种社会秩序观。当今社会是一个每个人皆可成为媒体的全民自媒体时代，一个人的随口之说即可被各种网络广泛传播，成为街谈巷议的话题，这种缺乏把关人的自由传播环境，可能会造成信息传播秩序甚至于整个社会的混乱，但是我们可以恰当地运用中庸之道来缓解这种现象，相关具体对策将在后面章节详细展开。

3. 以仁为核心

但是在强调社会关系网络中固有次序的同时，我们要坚持以仁为核心，不能因为过分重视社会秩序，而使人际关系变得过分冷漠与僵硬。"仁"是中国传统文化的核心理念，也是儒家中庸之道一直坚持与提倡的。其包括的内容相当广泛，以"仁者爱人"为主。"仁者爱人"强调的是道德上对自己的两种要求：首先是自己要"仁"，其次对他人要施"仁"，即"爱人"，即由家庭的"爱亲"推广至"爱人"，关爱社会中的其他人。

在日常生活中，我们首先要做到自己的"仁"，注重提高自身的道德修养，严格约束自己，孝顺父母，争取做一名"仁者"。而且在日常人际交往中，要遵循仁德，坚持"五常"，即仁、义、礼、智、信，进而寻求和选择中道，使言行不倚不偏，符合仁德之规约①；然后要做到"爱人"，主动关爱身边与社会中的其他人，做到"仁者爱人"。

---

① 蒋曼：《论中庸之道在现代社会人际交往中的应用》，《经营管理者》，2010 年第 14 期，第 90 页。

（二）强调人际交往中不同角色定位的同时，注重人际关系的互动式、交互影响

另一方面，中庸的人际关系思想也是以对人际关系划分为基础的，即将人际关系划分为君臣关系、父子关系、兄弟关系，朋友关系、夫妻关系，着重强调人在社会中扮演不同的角色，应该具备各种高尚的道德品质。但是后世儒者则将其思想过度阐释并与封建政权联系在一起，导致人们曲解了孔子思想的原貌。

总的来说，中庸思想与先秦儒家思想的核心论调一致，即都强调每个人在自己的人际传播关系网中的精准定位，找准定位，并扮演好自己相应的角色，承担相应的责任与义务。这种思想在现代社会也完全适用，以五种基本人际关系中的角色定位为例：

1. 父子关系

在父子关系上是"父慈子孝"，具体内容是"父慈而教，子孝而箴"。从父母方面来讲，对子女应当慈爱，尊重子女人格的独立，不应苛求子女俯首帖耳、百依百顺。父母还应尽教育子女的义务，所谓"养不教，父之过"。从子女方面讲，则要"笃于亲"，尽孝道。这一系列理论凝结着中华传统文化的精华，可为现代社会亲子关系的处理提供启迪[①]。

2. 上下级关系

中庸主张在君臣关系上是"君礼臣忠"，即"君使臣以礼，臣事君以忠"。关于这种关系的理解可以引申到当代社会的上下级关系。先秦儒家认为，君臣关系首先是一种道义关系，彼此都要对自己的行为负责，所谓"君君臣臣"，即君要像君，臣要像臣，不能"君不君，臣不臣"。这其实在一定程度上为现代社会的上下级关系处理也提供了一定启发，建立良好上下级关系的基础，即是上级和下级都要明确自己的

---

① 姚瑾，郑泽黎：《先秦儒家在人际关系问题上的内在矛盾及其中庸之道》，《重庆交通大学学报》，2007 年第 4 期，第 83—85 页。

角色定位，做好自己的分内之事。

而在权利和义务方面，先秦儒家主张君臣之间应当是双方面的、对等的关系，君能以礼待臣，臣才会以忠事君，这也点明了上下级关系中这种互动式的影响效果。

3. 夫妻关系

在夫妻关系上是"夫义妇顺"。"夫义"不只要求丈夫对妻子态度平和不专横，还要求丈夫能"刑于寡妻"，用自己的行为给妻子树立榜样。"妇顺"则要求妻子对丈夫温顺，但又不是奴仆式的百依百顺[①]。妇顺是相对的，以"夫义"为前提。并且在这个方面，先秦儒家还提出一个重要范畴———权。引申到当代社会，这一理论无疑具有令人惊叹的超前性与普世意义，在当代夫妻关系的处理中，良好的关系是建立在双方各自的权利与义务之基础上的。

4. 朋友关系

在朋友关系上是"朋友有信"。交友之道，贵在朋友之间诚实不欺，相互信赖。孔子说:"与朋友交，言而有信。"随着现代社会经济的迅速发展，人际关系也变得更加错综复杂，也有很多人说道现今的世道是"人心不古"，但是到底是什么造成了这种现象呢，随着社会整体物质财富的不断增长，随着信息交流渠道的越来越多，随着社交娱乐的不断发展，人们的心理变得更加复杂且敏感，既希望能够享受理想中完全纯粹的互相信任的状态，又不自觉地对他人与社会产生猜疑与负面情绪，这种矛盾不断地磨蚀着人们的内心。所以重新提倡与发扬中庸中"信"的效用，刻不容缓。

在日常生活的人际交往中，我们要尽力敞开心胸，放下过多的防备与猜忌，不对朋友有过多隐瞒，并且答应了的事情最好按时履行，为自己树立一个可信任的良好形象，如果每个人都可以做到"与朋友

---

① 姚瑾，郑泽黎:《先秦儒家在人际关系问题上的内在矛盾及其中庸之道》，《重庆交通大学学报》，2007 年第 4 期，第 83—85 页。

交，言而有信"，那么人际关系的理想境界指日可待。

5. 兄弟关系

在兄弟关系上要做到"兄友弟恭"。兄弟关系是一种不同于其他的独特关系，这种关系是一体两分，情同手足的，双方互相依附与依赖，兄长应该承担起主责任，对弟弟进行教育、劝导，而弟弟对兄长的关怀也应该表里如一，尊重、敬爱兄长。这一系列的思想与准则都是适用于现代社会的。

6. 注重人际关系的互动式交互影响

在这五种基本人际关系的处理中，中庸都强调这两者之间的互动式交互影响，其实这也是与大自然的法则相呼应，有因必有果，万物之间的关系都是被自然法则支配着的，人作为万物之灵当然也不例外。

这种互动式交互影响主要表现在几个方面：

（1）不同地位对应其不同权责

这种影响在地位差距明显的关系中表现较为明显，如有明显地位差距的君臣、父子、兄弟关系，这三种关系都是以地位较高的一方为主导，此主导方在享有另一方的尊畏与爱敬的同时，也应对其承担诏告、劝导的主责任。

（2）互动式影响，责任与成果共担

这种影响在地位较为平等的关系中表现较为明显，以夫妻、朋友关系为例，在这种关系的处理中，双方是交互影响的，所以双方都应为这段关系负责任，若双方皆能注重自修且注意自我反省，则关系融洽，反之则不利于和谐人际关系的维持。

（3）权利与义务互相呼应

最后所有的互动式交互影响都可归结为最根本的权利和义务方面，人际关系的双方本就应当是双方面的、互相影响的关系，互动式的影响效果存在于人际交往中的每个环节，你享受了多少权利，自然应当承担多少义务。这一点无论是在地位悬殊的人际关系中，还是地位平等的关系中，都比较适用。

如存在地位差距的上下级关系，下级要想使上级赏识自身，得到更好机会，就必须自己付出相应的努力，交出满意的工作业绩，另一方面，上级要想获得下级的尊重爱戴，也需注意自身行为，并且尊重、鼓励下级，使自己成为下级的榜样；又比如地位较平等的朋友关系，要想和其他人成为好朋友，付出都应是相互的，只有彼此互相尊重、爱护，才能建立真正的友谊。

（三）根据不同关系选择不同传播方式的同时，以"诚"为根基，至诚尽性

人际交往中存在着多种复杂的传播关系，这些关系或是亲疏程度不同，或是表现形态不同，或是发展根基不同，而这些种种的不同就要求我们在处理这些关系时采取不同的传播方式，且在不同传播方式中有所侧重。

1. 上下级关系的侧重："尊"与"敬"

君臣关系，放在现代来说，类似于上下级关系，处理这种有明显地位差距的关系时，传播方式的侧重点应是"尊"与"敬"，即尊重与爱敬。下级对上级应该始终保持一种尊畏与敬爱的状态，而上级也应该尊重下级，对下级做出积极回应。

2. 父子关系的侧重："敬"与"孝"

父子关系与君臣关系有些许相似，因为这两种关系都是地位悬殊的典型表现形态，前者是权力与地位的差距，后者是人伦与血缘的产物。父子关系要求子女对父母的爱敬，这种爱与敬是发自人心的天伦。另一方面，与父子关系相关的还有这一专属词汇"孝"，"孝"是专门用来形容父子关系的，强调子女对父母的爱须弥漫在方方面面，尽孝不仅要求对父母生养死葬，更要关心父母的物质与精神生活。

3. 兄弟关系的侧重："敬"与"义"

兄弟关系与父子关系、君臣关系有一个很大的共同点，即是有着地位上的差距，所以在处理兄弟关系时，"敬"仍为一个必要的因素，即强调弟弟对兄长的爱敬之心，不过，与这种爱敬之心相伴随的也有责任，即兄长对弟弟应该承担更多劝导、诏告的责任。但是与前两种关系不同的是，兄弟关系强调"义"字，即双方皆能为对方付出的深远情义，并且双方关系的处理不能有利害之心①。

4. 夫妻关系的处理："爱"与"责"

夫妻关系与前三种关系不同，它是建立在双方之间的爱的基础上，并且在处理这种关系时，也必须用爱和宽恕来解决问题。另一方面，夫妻关系的处理要以"责任"为基础，夫妻作为一个家庭的起源，双方都应对彼此与整个家庭承担相应的责任。

5. 朋友关系的处理："信"与"仁"

中庸的整个思想道德体系主要包括六个道德范畴：仁、义、忠、信、孝、和，其中，"仁"是核心，而"信"是重要内容，是"仁"的必要条件。"信"最基本的含义就是诚实、讲信用，即"言必行，行必果。

我们无论是在选择朋友上，还是交友方式上，都要以"中庸"为原则，以"信"为核心。"中庸"要求我们要选择中行之人结交，采用中庸的方法来处理朋友之间的关系；"信"要求我们对朋友要真诚实在、言而有信，提高自我修养，从而吸引更多志同道合的人与自己交往②。

6. 以诚为根基，至诚尽性

不管上面这些人际关系的表现形式与特征有多大的不同，也不管

① 姚瑾，郑泽黎：《先秦儒家在人际关系问题上的内在矛盾及其中庸之道》，《重庆交通大学学报》，2007 年第 4 期，第 83—85 页。

② 姚雪：《以中庸之道的视角看人的喜怒哀乐对人际关系的影响》，《中国集体经济》，2014 年第 24 期，第 150 页。

我们在处理这些人际关系时各有不同的策略与侧重，有一个核心原则是我们在处理所有人际关系时，都要始终坚持的，这个原则即是"诚"。

诚是中庸整个体系的核心范畴，也是中庸方法论的根本道理，更是整套中庸体系能够成立的关键，许多方法论都必须在诚的基础上才能实现。中庸之道的理论基础就是天人合一，天道与人道的合一。而天人合一的真实含义就是合一于至诚，也就是说中庸之道的展开是以诚为基础的[①]。

"诚"既是中庸之道的出发点，也是中庸之道的归宿点。而在人际传播方面，中庸也论述了人际关系和谐的根基即为"诚"。这就要求我们在日常的人际交往中必须以诚实为基础，对家人、上级、朋友都应该坦诚相待。尤其是在现今诚信普遍缺失的社会背景下，我们在处理所有社交关系时都要时刻牢记以诚为根基。

二、"义"与"利"

所有的人际传播关系无论是就直接交往、还是就间接相处而言，本质上都是一对"义利"关系。"义"的核心在于利他，甚至是舍己而利他；"利"则主要是利己，广义的"利"既包括工具性资源"利"，也包括了象征性资源的"名"，狭义的"利"即工具性资源[②]。

中庸之道的人际实践在根本上也就是要在各种具体情境中处理若干的"义利"关系，从而化解利他与利己之间的紧张性[③]。而在当今社会我们要如何平衡这两者之间的关系呢，本节从人内传播、人际沟通之道、整体性原则三个层面出发对其进行系统阐明。

---

① 姚申建，袁弘，姚峰:《中庸之道与人际关系处理》，《湖北省社会主义学院学报》，2005 年第 6 期，第 58—59 页。

② 姚瑾，郑泽黎:《先秦儒家在人际关系问题上的内在矛盾及其中庸之道》，《重庆交通大学学报》，2007 年第 4 期，第 83—85 页。

③ 姚瑾，郑泽黎:《先秦儒家在人际关系问题上的内在矛盾及其中庸之道》，《重庆交通大学学报》，2007 年第 4 期，第 83—85 页。

（一）慎独自修：以自省式的人内传播为基础

在现实生活当中，我们要想恰当地处理好各种复杂的人际关系，要想很好地处理人际传播中"义"与"利"的关系，首先要求每个人有足够高的个人修养，只有这样才能够达到充分的智力水平与道德境界，才能够应对日常生活中关于"义"与"利"的矛盾或者其他冲突。而且良好恰当的人际交往关系本身即是以每个人自身的修养为基础的，所以人们在自我修养的过程中，必须坚持自我教育、自我监督、自我约束。

而要如何提高自身修养呢，此时我们尤其应该发扬中庸中的慎独自修之道，《中庸》原文中的"慎独"是侧重从人与道的关系阐述的。"天命之谓性，率性之谓道，修道之谓教。道也者，不可须臾离也，可离非道也。是故君子戒慎乎其所不睹，恐惧乎其所不闻。莫见乎隐，莫显乎微，故君子慎其独也。"而扩展到人际关系与人际传播领域，慎独又有了更丰富的含义。

"慎独"，其主要含义是：在无人注意独处时也要小心谨慎，不做亦不想不道德的事，这一原则即是要求人们即使在一个人独处时，也要严格要求自己，警惕内心深处尚处于萌芽状态、尚未引起旁人注意的错误意识、不正当的私欲或不正常的情绪，并自觉地用社会道德规范加以约束，使之恢复到正常状态，从而做到防微杜渐，防患于未然。这是一种人内传播的理想状态，是一种对内在思欲的约束，更是一种比"克己"的自觉性要求更高的道德修养方式①。

而在日常生活中，我们如何做到"慎独"，有许多具体的方法路径，首先学习是每个人一辈子的事，在自我修养的过程中我们需要不断地学习，始终坚持自我教育，认真研究五达道和三达德，认真研究所有传统文化的精华理论与现今的科学方法，并且善于从他人身上学习并且汲取有益成分。

---

① 胡溪：《面对"拐点"的思考——试论"中庸之道"在现代媒体传播中的积极意义》，《神州》，2013 年第 3 期，第 238 页。

其次，我们要注意自我反省，在日常生活的人际交往中不断地反省自己，修养心性，尊重他人。

最后，我们要注意自我监督、自我约束，要时时刻刻监督并提醒自己的心理与情绪，谨防错误心理与行为的产生，同时即使是在缺乏别人监督与约束的情况下，也要注意自我约束，最后在不断的自我完善中，达到新的境界，取得独到的人际交往技巧和经验，运用中庸理论在实践中去检验以取得更大的进步。

（二）忠恕宽容：最适宜的人际沟通之道

要恰当地处理人际传播中"义"与"利"的关系，同样需要我们找到一种适宜的人际沟通之道，这种方法即是"忠恕宽容"。因为要正确地处理"利己"与"利他"的矛盾，需要我们找到一种路径，使得我们在利己的情况下也能够利他，如果这种理想状态较难达到，至少我们可以在利他的同时不至于损害他人利益，力求达到中和，而"忠恕"则是这种路径的最佳体现。

上文的"慎独自修"主要是针对每个人其人内传播的内部约束，而忠恕则是对我们外在行为的约束。

何为"忠恕"，忠，是忠诚，恕，是宽恕。《说文解字》注："忠，敬也。""恕：仁也"。朱熹解释为："尽己之谓忠，推己之谓恕。或曰：'中心为忠，如心为恕。'于义亦通。"

总的来说，忠恕的思想内涵可以概括为两个方面：忠是尽己，恕是恕人。"忠"就是指"己欲立而立人，己欲达而达人"，含有尽己为人之意。忠是尽己，是尽心尽力做事。它包括对国家的忠，对长辈的忠，对所做的事情的忠，指对国家、对主、对他人、对职事尽心尽力尽责，忠心不二①；而"恕"是指"己所不欲，勿施于人"，含有尊重

---

① 王岳川：《"中庸"的超越性思想与普世性价值》，《社会科学战线》，2009 年第 5 期，第 133—150 页。

他人、宽待他人、体谅他人之意。恕是宽容，厚道，仁慈，忍让，以仁爱之心对待他人，能够推己及人，将心比心，处处为他人着想。

仔细考察"忠恕"与中庸的关系，与理想人际沟通状态的关系，理想的人际沟通状态即是中庸和谐，而中庸的本质内涵是要求凡事做到恰到好处，忠是做事尽心尽力尽责，力求恰到好处，体现了在处理人与自身、人与他人、人与社会关系时对自己要求的中庸[①]；恕则是推己及人，将心比心，从而达到对对方的理解，从而使个人行为取道中庸，使人际关系和谐美好，体现了在处理人与人关系时要求自己对待他人态度的中庸。

再次对忠恕与"利己""利他"之间的关系进行考察，"忠恕"中的这两种中庸：对自己要求的中庸，对他人态度的中庸，其实正是解决"利己"与"利他"矛盾的最佳态度与路径。

（三）恰当把握整体原则

1. 执两用中，把握整体传播情境

而要如何恰当地处理"利己"与"利他"的关系，这又需要我们善于在整体上把握传播与交往情境，力求在处理诸多关系时顾全大局，找准最佳路径，取得最佳效果。

我们追求的目标是：能够恰当地处理好"利己"与"利他"的关系，能够达到人际关系的理想状态，能够达到最高境界中庸，但是如何才能促进这种境界的达成，如何才能做到不过也无不及，达到中节、中立、中行、中正，让事物中用，从而实现中和呢？孔子提出的方法是执两用中，执其两而用其中。

"执两用中"，乃用其中而顾两端，"用中"，即提醒我们处理事情时要把握适当的分寸与度，而"执两"则强调我们在为人处事上要顾

---

① 王岳川：《"中庸"的超越性思想与普世性价值》，《社会科学战线》，2009 年第 5 期，第 133—150 页。

全大局,一定要有整体原则,善于从整体上把握传播与交往情境,根据现实情境采取相应的措施。

2.坚持全面的学习方式

上文已经提到,要恰当地处理好"利己"与"利他"的关系,需要每个人自身拥有成熟的知识体系、敏锐的眼光、高超的水平与能力。所以另一方面,中庸实践的全面性还体现在其学习方法"博学之,审问之,慎思之,明辨之,笃行之"的整体性要求之中。

"博学之"是广博地学习,"审问之"是谨慎地追问、详细地询问,"慎思之"是深刻地、慎重地思考,"明辨之"是明白地辨别,对事物的功过得失进退明晰地进行了解。学、问、明、辨,以上四条都是知识论,都是求知。但还有最关键的第五条——"笃行之",即切实地力行。笃,坚定不移地、踏踏实实地;行,就是实践①。"笃行之"就是把所广博学来的、审问的、慎思的、明辨的真知灼见,都放到天下的实践中去,只有这样才能把自己的知识转变为实践。这样,在知行合一中,我们才可以把自己所知放之天下,才可以使自己独善的东西兼善天下,只有这样我们才能够以整体的眼光来看待日常的人际交往,才能够以这种全面的方式恰当地处理"利己"与"利他"的冲突。

三、"和"与"变"

中庸强调和谐,但不是盲目妥协以求"和",而是适时变通后,达到新的"和"的状态。

中庸强调权变,为人处世要有所变通,但不是盲目求变,而是在坚持"和"的基础上的"变"。以下我们从和谐的根本途径、和而不同、权变三方面对此进行详细分析。

---

① 王岳川:《"中庸"的超越性思想与普世性价值》,《社会科学战线》,2009 年第 5 期,第 133—150 页。

（一）礼之用，和为贵，坚持和谐为理想状态与根本途径

中庸的真谛就是和谐、适度与圆融。子曰：和为贵。孔子把和看作事物的本质、规律和处理问题时应遵循的原则。它既是宇宙万物的本质和发展规律，也是人们立身处世应遵循的原则和追求的目标。和，即和谐。这是中庸思想非常重要的方面。而且，中庸之道与和谐存在着内在的一致性。中庸之道既是一种和谐的状态，也是实现和谐的途径。

所以在处理人际关系时，我们可以借鉴孔子"礼之用，和为贵"的思想。每个人都是人格独立的个体，每个人的个性都是有差别的，所以人与人在交往过程中难免会产生矛盾。这时我们就可借鉴"礼"与"和"相辅相成的关系。在处理人际传播中与他人的矛盾时，既不能一味争执、固执己见，也不应盲目地妥协听从。双方都应该在坚持自我的基础上，尽最大可能地向对方靠拢，并进行适当变通。

其实从中国文化的深层结构而言，中庸之道的人际实践是儒道互补的，无可无不可的圆通境界在根本上甚至是"儒表道里"或"外儒内道"的^①。换言之，"人缘取向"的中庸之道是通过长期实施"我为人人"的人际实践，从而达成"人人为我"的社会后果，通过遵循利他的道德规范而带来利己的利益结果。

（二）和而不同，周而不比

在坚持和谐为人际传播的理想状态与根本途径的同时，我们也要注意"和而不同"的重要价值。那么什么叫和，什么叫同呢，保持众多事物的和谐叫"和"，但是我们要善于分析不同的意见，我们可以在相互争论辩解中把它们综合成新的意见，同时求得共识，但是我们决不盲目附和。这种既保持了统一的和谐状态，又吸纳了不同意见的变

---

① 姚瑾，郑泽黎：《先秦儒家在人际关系问题上的内在矛盾及其中庸之道》，《重庆交通大学学报》，2007 年第 4 期，第 83—85 页。

通之法就是"和而不同"。

和而不同指的是一种有差异的和谐，懂得容纳不同观点。这是一种中和之道，也是处理人际关系的黄金法则，即在坚持"以和为贵"的同时，也要允许差异与不同的存在，既保证和睦地相处，但绝不随便附和，拒绝苟同。

"君子和而不同"①，孔子说："君子在人际交往中能够与他人保持一种和谐友善的关系，但在对具体问题的看法上却不必苟同于对方。"真正的朋友应该通过交换意见、沟通思想而求得共识；即使暂时统一不了思想也不会伤了和气，可以经过时间的检验来证明谁的意见更为正确；因此，真正的君子之交并不寻求时时处处保持一致；相反，容忍对方有其独立的见解，并不去隐瞒自己的不同观点，才算得上赤诚相见、肝胆相照。

与小人不同，真正的君子并不十分注重人际往来中的利益纠葛，但在大是大非面前却勇于坚持立场；真正的君子并不十分计较人际往来中的是非恩怨，但却能在正视不同意见的基础上求同存异。因此，这样的人或许即使也还会有些这样或那样的缺点，但他至少能保持思想的自由和人格的独立。

这一原则说明中庸之道并不是无原则地和稀泥。它要求我们在人际交往时要做到"和而不同""周而不比"。

"周"，即是用道义和原则来团结人，"比"，则是毫无原则地相互勾结、结党营私。讲原则来与人团结，但不相互勾结，就叫"周而不比"。孔子说："君子团结而不勾结，小人勾结而不团结。"

"和而不同""周而不比"要求人们在人际关系处理上既要和他人尽量融合在一起，又要实事求是，坚持原则，保持自己鲜明的个性；

---

① 杨伯峻：《论语译注》，中华书局，2009年，第159页。

既要和他人搞好团结，又要避免相互勾结，结党营私^①。

两者兼顾，分寸适度，是人们获得健全人格和良好人际关系的最佳方法，也是我们恰当把握"和"与"变"之间关系的最佳途径。

（三）权变原则

中庸中还有一个重要概念，即：时中，就是"依时而中"，"随时以处中"，强调权变。执中知权即指的是处理事情时要具体问题具体分析，立足实际，有所变通，因为只有变通了才能更好地达到"和"，才能达到仁与礼，情与理的理想和谐状态。

权变和适度，这两者都不可或缺，共同构成中庸之道的基本方法论，更是实现中庸之道的重要途径。适度是指事情所到达的程度，主要是从量的角度来显示质的区别，权变则指做事情所要面临的选择，主要是通过对选择对象的权衡与抉择，进而显示出质的差别^②。

权变体现的不仅是在执两用中的情况下的要求，更多的是在面对非此即彼情况下的抉择。最初来言"权"是为了解决"仁"与"礼"的冲突而提出的概念和方法，但是经过了后来的发展，它成为处理矛盾时的一种抉择与途径。权变一般是对矛盾的双方进行权衡比较轻重，然后再做出抉择。按照孔孟的说法，权变更多的是侧重在特殊情况下的灵活变通，追求的是仁义的更高范畴，在权变原则下，那些看起来违背礼的言行反而是合乎道合理的，通过权变所体现的原则，才是真正符合仁的^③。

总体来说，权变是在特殊情境下解决矛盾冲突时的一种抉择，它

---

① 胡溪：《面对"拐点"的思考——试论"中庸之道"在现代媒体传播中的积极意义》，《神州》，2013 年第 3 期，第 238 页。

② 刘明：《中庸之道新解——从孔、孟的权变思想看中庸之道》，《学术论坛》，2007 年第 03 期，第 8—11 页。

③ 刘明：《中庸之道新解——从孔、孟的权变思想看中庸之道》，《学术论坛》，2007 年第 03 期，第 8—11 页。

既是对普遍性形式化的"理"的固守，也是对客观境遇，主体情感，人伦关系等"情"的考量，以最终实现仁和礼，情与理精神的内在统一，最后道义是衡量权变正确与否的最终价值尺度[①]。这就要求我们在日常的人际交往中，学会根据交往对象、交往情境等具体条件采取适宜的交往策略，并且学会根据具体情况进行适当的变通与抉择，从而达到人际关系中理想的和谐状态。

四、"中"与"度"

中庸里的"中"是一种须始终坚持的原则，一种方法论，一种持之以恒的状态。

但是如何保持这种"中"的状态，需要我们把握一个适当的度。

而要如何把握这种度，中庸提出了三大原则：即过犹不及、执两用中、执中知权。中庸思想中强调"尚中"的"无过无不及"；注重"时中"的"无可无不可"；坚守"中正"的正当"礼义"，追求"中和"的和谐之美。

（一）过犹不及，坚持适度原则

1. 过与不及

中庸之道的内涵是什么，中庸的主要方法论即是"中"，而要如何达到"中"，于是孔子从"中"的对立面提出了"过犹不及"的命题，这也是中庸之道的基本原则。中庸实际上是强调"凡事有度，过犹不及"的理念，就是说，超过和不足都不可取，任何问题都要在"过"与"不及"之间寻找平衡。

《中庸》引用孔子的话"子曰：'道之不行也，我知之矣，知者过之，愚者不及也。道之不明也，我知之矣，贤者过之，不肖者不及

---

① 刘明：《中庸之道新解——从孔、孟的权变思想看中庸之道》，《学术论坛》，2007年第03期，第8—11页。

也.'""过"和"不及"这二者都离中庸甚远。贤良的人做得已经"过"了,而不贤良的人又达不到。这里孔子提出两个关键的概念——"过"与"不及",这正是中庸的两个极限,两者尽管趋向相反,但都违背事物的客观规律,因而都是偏离中道而走向极端的失中现象。一端是过了,一端是不及,只有达到中间才会合律适度①。

2. 适度原则

"不及"即是没有达到"中",其根源在于太拘谨和保守;而"过"则是超过了"中",其原因在于太放纵和激进。过犹不及,无过无不及,其实是要求我们寻求和掌握一个合理的点,把握一个合适的节点与分寸,做到适度并且始终坚持适度这一原则,只有如此方能恰如其分地处理好自身的人际传播关系。此原则要求人们在道德情感、道德意志、道德行为中避免过度与不及,把握好分寸。

3. 人际交往中如何把握度

孔子认为朋友之间是一种非常亲密的关系,所以在交往过程中无须太多的客套,相互馈赠礼品无须讲究太多烦琐的礼节。"如果在礼节上应酬过多、过重,不仅会增加彼此的负担,还会使人觉得庸俗,进而淡化朋友关系"②。所以那些讲究过多礼节交往的朋友,并不是亲密无间的朋友。

孔子认为,把握与朋友的距离不仅要求朋友之间交往勿过于频繁,还要求在劝谏朋友上把握好尺度。

而在人际传播方面,我们除了在礼数方面应把握适当的度之外,另一方面,在人际交往的距离方面,我们也应找到一个适宜恰当的分寸与度。"君子之交淡如水",处理好朋友之间的距离问题对于双方都

---

① 姚申建,袁弘,姚峰:《中庸之道与人际关系处理》,《湖北省社会主义学院学报》,2005 年第 6 期,第 58—59 页。

② 姚瑾,郑泽黎:《先秦儒家在人际关系问题上的内在矛盾及其中庸之道》,《重庆交通大学学报》,2007 年第 4 期,第 83—85 页。

会有益处。

朋友相聚相守是一件美好的事情,但是每个人的个性都是独立的,无论怎样志同道合,相处时间过长都会有矛盾的产生,相处越频繁,摩擦就越多。距离产生美,如果朋友之间适当地保持一些距离,给彼此留有足够的空间和余地,不仅不会疏淡之间的感情,还会保持相聚的新鲜感[1]。

最后,在交友过程中,我们要把握好朋友质与量的平衡,尽量避免只有知心朋友,但交友面却很小的局面,抑或是泛泛之交的朋友过多,但是没有知心朋友的状况。

(四)执两用中

1.执两用中的内涵

"执两用中"是由"执中"发展而来。我们的伟大人民与思想家在长期实践中发现,一切事物的运动和发展都有一定的规律,故办理任何事情都必须掌握分寸。只有根据事物的客观规律而做到适当的程度,才能达到最佳的预期效果。这个最适当的程度就叫作"中"[2]。若能恰到好处地掌握住适度,就叫作"执中";偏离了这个度,就是失中。孔子所谓"执其两端,用其中于民",就是说必须把握住"过"与"不及"两种倾向,在其中寻求平衡,从而有效地用中道去治理百姓。这就是"执两用中"的本义。

由于用适中的方法办事,才能够收到最佳的效果,所以"中"就含有合宜、正确之意;又因为用"执中"的方法处理人事是最公平合理的,所以"中"又含有中正、公正之意。当把"执中"的方法从实

---

[1] 杨中芳:《传统文化与社会科学结合之实例:中庸的社会心理学研究》,《中国人民大学学报》,2009年第3期,第53—60页。
[2] 杨中芳:《传统文化与社会科学结合之实例:中庸的社会心理学研究》,《中国人民大学学报》,2009年第3期,第53—60页。

践经验升华为理论时，就叫做"中道"①。

2."执两"与"用中"的辩证关系

孔子在全面继承上文阐述的这种中道的基础上，又以托古的方式把虞舜的治国方法概括总结为"执其两端，用其中于民"。如此一来，即是把"执两"与"用中"对立统一起来，既丰富了中道的内容，也提升了它的理论高度。

"执两"是"用中"的前提与根本方法论，因为只有做到"执两"，才能准确地达到"用中"，而"用中"则是"执两"最根本的目标与理想境界。

值得注意的是，如何才能最恰当地做到"用中"呢，最适合中庸的那个"中"是像大家通常意义上所理解的，正好处在两端对半的那个中间吗，答案是否定的，"中庸"的"中"不一定在中间，也不一定有一个明确的衡量标准，也许偏在对半的左或右才是最适度的"中"，也许这个"中"需要我们认真的推敲、衡量与把握，所以我们要努力探寻，真正把握"中"的准确度。

3.对"执两用中"的误解

对于中庸之道，人们曾一度认为"执两用中"是"和稀泥"，是折中主义，甚至于是平均主义，但是这显然是一种误解。折中主义最大的弊端就是缺乏原则性，但是中庸之道与此不同，中庸之道是有着自己鲜明的原则与立场的。

"中庸"是以"中"为根本方法论，以"和""庸"为核心目标的一种有着明确坚持与原则的系统科学理论。就算是"执两用中"，也绝非大家口中毫无原则的折中主义，而是对不同意见的中和、沟通与共识，保留其对的一面，舍弃其不对的一面。这才是正确的中庸之道。

---

① 张军伟，龙立荣：《服务型领导对员工人际公民行为的影响：宽恕氛围与中庸思维的作用》，《管理工程学报》，2016年第1期，第43—51页。

4.过与不及与执两用中，两者结合，方为中道

孔子说过犹不及的同时，也提出执两端而用中，其实"执两用中"即是"过犹不及"的具体方法论，只有坚持此种路径，我们才能真正地坚持"中"。"执两用中"与"过犹不及"合而言之，即真正的"中庸"，真正的中道，戒其"过"，勉其"不及"。这乃是中庸之道所据以立论的最基本的法则。

中庸是一种方法和实践。处于两个极端的中间，在对立的两极之间寻求适中的解决方案，因为"过"与"不及"都是不恰当的度，必然走向反面，所以我们要在这两种极限之间找寻一个适当的度，坚持适度原则；另一方面，在如何把握这种度的同时，我们要坚持"执两用中"。如果说"中"是一种知，那么"庸"就是实践，要做到"知"很难，不管是"知己"还是"知人"都很难，但是行则更难，可谓知难行亦难，甚至知难行更难[①]。

第三节　中庸思想利于摆脱当代人际传播的困境

中庸思想的核心在于中和，亦即和谐是《中庸》的核心要旨，这一要旨对于改善当代人际关系日益淡薄的困境是有指导价值的。

一、当代社会人际传播现状

当代社会变化太快，尤其是新媒体时代，人与人的直接面对面沟通常常被电子媒介所中介，许多日常生活中的情感沟通虽然便利了，但是温情却疏远了。

---

① 胡溪:《面对"拐点"的思考——试论"中庸之道"在现代媒体传播中的积极意义》，《神州》，2013 年第 3 期，第 238 页。

（一）人际距离大大缩短，信息与反馈即时进行

现今网络迅速发展，带来一个最直接的影响，就是信息传播速度的大大提升，这种快捷的速度，超过以往任何媒介。数字化电子媒介，使得信息的传播速度空前提高，甚至达到实时程度。这一实时传播的媒介革命使得人际距离大大缩短，并且最大程度上满足人们对信息与交往的需求，充分实现了信息的多样性与可选择性，完全打破了传统媒介在时间和空间上的局限。另一方面，传播与反馈即时进行，大大促进了人们的即时互动。

（二）互动性空前提高，但人际传播网络空前复杂

而这种极为快捷的信息传播速度与即时反馈的特点，也促进了人际传播的互动性空前提高，以微博微信等社交平台为例，即时分享、评论、转发、点赞等功能，无疑都大大促进了人们的即时交往与互动。

而互动性传播不仅仅是时间上的实时互动，也包括数量和空间上的大规模大面积互动，这次信息革命为传播模式带来了翻天覆地的变化，甚至实现了所有人对所有人的传播，点对点、点对面、面对面、多点对多点等多种传播模式，在这个多媒体信息环境下均成为现实。

但是这种空前活跃的互动性传播与空前多样化的人际传播模式，也造成了现今社会人际传播网络的空前复杂化。网络在大大延伸人们交往空间的情况下，也造成了个人在人际传播网络中的过度社交化，使得每个人所处的人际关系角色定位、面临的人际传播网络也变得空前复杂与多样。

传播技术的迅速发展在打破传统空间局限的同时，也促进了全球一体化，这种传播技术的发展，甚至把我们每个人的传播范围扩展到了整个世界，这使得人们的行为受到更多变量的影响，每个人面临的人际传播网络更是空前复杂，更可能会导致个人对自己的人际传播角色定位产生迷茫。

（三）人际感情趋向淡化

根据麦克卢汉的理论，互联网技术使人的延伸得到了全面的拓展，如今的人们仅仅通过网络就可足不出户地完成很多事情，如网上购物、网络聊天、网上交易、网络会议等。尤其是现今由于网络和社交媒体的迅猛发展与高度发达，使得如今社会产生了许多手机痴迷症人群，如典型的低头族，这种也要过度依赖媒介而忽视日常人际交往的行为，无疑会造成人际传播关系的淡漠，人际感情趋向淡化。

另一方面，社会经济的迅速发展，使得人们的整体生活节奏大大加快，且社会竞争的日益激烈，使得人们的感情日益被磨蚀，再加上整体社会信任感的降低，甚至导致人际关系非常冷漠的状况，比如见到路边摔倒的老人，也不敢上前帮忙的状况。

（四）恶意攻击与虚假舆论，人际传播秩序混乱

在现今这个言论主体多元化的社会，社交网络与自媒体迅速发展，每个人都可以成为网上的信息传播者、发布者以及接受者，这种传受角色界限的模糊，使得受众地位提高的同时，也造成了网络信息过于繁杂，且虚假垃圾信息充斥过多的状况。由于互联网本身的开放性，以及网络拟态环境的虚拟性，再加上言论主体的多元化和匿名性，部分言论主体可能认为自己可不顾社会的规范与道德的束缚，随心所欲地发表自己的观点，甚至刻意捏造虚假言论。

这种过于开放与虚拟的传播情境，可能会使个人不自觉脱离社会规范与道德束缚，更使得整个人际传播秩序发生混乱。

（五）信息真实性受到极大冲击，社会信任普遍缺失

现今社会网络迅速发展，信息发布的随意性，加上信息来源的不确定性，使得信息内容较少通过把关人的把关与管制，整体网络传播环境缺乏可控性，且把关人相对缺失，出现了弱把关的情况。这种现

象使得人之间的传播信息真假混杂，可信性低，信息真实性严重受到挑战。这种不负责任的传播，在一定程度上也导致了社会信任的缺失。

另一方面，如上文所述，人际传播网络的空前复杂化，人际感情的淡化趋向，加上人际传播秩序的混乱，这些种种原因造成了整体人际传播氛围的冷却，甚至出现社会信任普遍缺失的情况。

二、中庸之至德：解决现今人际传播问题的对策

从上个章节所述，我们可以领悟到：传播手段之利弊，犹如水之载舟覆舟，关键在于人。其实，在人类利用技术完成了其对现实世界的时空超越之后，人类更需要超越自身。

而要如何超越自身，如何促进自身与媒介社会更好地融合，如何在新的时代背景下恰当地处理好自身的人际传播关系呢，首先，我们需要努力发掘中庸的时代超越性，将其与当代文明相协调，适应时代的特点，不断创新对中庸之道的发掘与认识；另一方面，还要在批判的基础上继承中庸之道的有益成分，采取"扬弃"的办法，取其精华，继承发扬；最后还要与时俱进，将其与时代精神和社会现状相结合，对其进行新解读，用以指导我们的传播实践。

（一）于复杂的人际传播网中找准自己的角色定位

针对现今社会这种空前多样化的人际传播模式与空前复杂化的人际传播网络。我们每个人的行为受到难以想象的更多变量的影响，一句随心之言可能都会成为引发一场人际冲突的导火索，甚至于许多人开始对自己的人际传播角色定位产生迷茫。

在这种情况下，我们更加需要发扬中庸的定位意识，即找准自己在各种人际传播关系网中分别扮演的不同角色，如在父子关系中，我们应该怎样做，而在朋友关系中，我们又应如何，这些不同的人际关系需要我们采取不同的处理方式。另一方面，在享受权利的同时，也

要认真履行相应的义务。

（二）坚持中庸之道的"仁"，主动促进人际关系的发展

针对现今社会这种人际传播关系淡漠，人际感情趋向淡化的情况，我们更应该充分继承发扬中庸的核心思想"仁"，首先要做到自身的"仁"，注意提高自身修养，摆正自身的人际交往态度与心态，尽量避免自身对媒介的过分依赖，主动与他人进行友好的传播交流；其次我们要做到"爱人"，主动关爱其他人，不管是身边的朋友也好，还是社会上的其他陌生人也好，我们都要抱着一颗"仁者爱人"之心，必要时主动为他人提供帮助，主动推动自身人际关系良好发展的同时，也可促进社会整体人际传播网络的发展。

（三）依据中庸之道确立明确的人际传播秩序

在当今这个全民自媒体的时代，每个人的个人行为与言论都可能被无限放大，不管是个人的无心之言也好，有组织的刻意虚假言论也好，这些言论可能被有心人刻意加工，成为导致社会动乱的导火索；另一方面，网络上人多口杂，总体知识水平与认识能力参差不齐，一种本来无害的行为或言论也可能会被非理性的大众推向舆论的风口浪尖，而要如何解决这种无序的传播情境带来的种种问题呢？

中庸本身有对"仁"与"礼"的关系进行过深刻的探讨，现代社会虽然不再像古代那样存在着森严的等级秩序，但是我们同样要继承发扬这种秩序观，为我们这种无序非理智的传播情境建立一种行之有效的传播秩序与制度体制。具体措施可从政府、媒介、个体三方面入手，政府应该加强其自身把关人作用，另一方面作为管理者，应该制定相关法律法规，出台相关政策，运用技术手段的同时，并且加强相关道德教育；媒介应该注重自身职业道德，加强自身信息的真实性，增强社会责任感，并且加强把关，主动提供健康有利的人际传播环境；

个体也应该注重提高自身素养，摆正自身人际传播心态，促进健康有利人际传播关系的形成与发展。

（四）坚持中庸之道的"诚"，促进健康人际关系的形成

针对现今社会信任普遍缺失的情况，我们更需要继承发扬中庸方法论的根本道理"诚"，人际关系的建立与发展，贵在以诚为根基，而且另一方面，中庸也论述了人际关系和谐的根基即为"诚"。这就要求我们在日常人际关系的处理中，始终以"诚"为核心原则，对家人、朋友、上下级都应该坦诚相待，信守承诺，在为自己塑造诚实可信的形象的同时，也可以促进人际关系的密切化与健康发展。

（五）天人合一：坚持外内合一、理性与情感的合一

中庸的理想境界即是达到天人合一，天人合一的四个方面主要包括：天性与人性合一，即天性是至善、至诚、至仁、至真的，那人性也应该是至善、至诚、至仁、至真的；理性与情感合一；精神与圣人合一，中庸之道的天人合一中的天包括鬼神，人则包括圣人；外内合一，即思想与行为的统一。

而在当今社会的人际传播方面，我们尤其应该做到两个统一，首先即外内合一，我们要做到自身行为与思想的合一，品德意识与品德行为的合一，成己与成物的合一，知与行的合一。

其次我们要做到理性与情感的合一，人们的喜怒哀乐是人的自然属性，为了追求与天道、天性合一的至诚、至善、至仁、至真的人性，因而我们需要对情感加以约束和限制。尤其是在现今这个人类情绪极端化，虚假信息遍布的社会，许多网络事件或虚假舆论其实都是非理智推动下的后果，所以我们在日常生活的人际交往中也要注意控制自身情绪，决不能因为个人的非理智情绪而造成人际传播秩序的混乱与失衡。

第五章　内外之道:《中庸》思想与安乐哲译介的跨文化传播智慧

　　中华传统文化作为世界文化一部分具有特殊的文化底蕴和文化表征系统，而在译介中国传统典籍这一跨文化传播活动中，以往西方译者的归化翻译策略往往造成对中华传统文化的误读。而安乐哲作为学通中西的西方汉学家通过对《中庸》等蕴涵中国独特哲学思想和智慧的典籍进行译介，却能以体现"主体间性"的异化翻译策略来解读中华传统文化，洋溢出其深厚的跨文化传播智慧，而这一智慧对于我国平稳地推进中华传统文化"走出去"的战略极具启发价值。

　　《中庸》与《大学》《孟子》《论语》合称中国四书，是儒家的经典书籍，其中承载着儒家的精神以及彰显了中华传统文化的智慧，在古代和现代社会中发挥着重要的思想启发作用。对《中庸》的译介有理雅各、休中诚、辜鸿铭、安乐哲和郝大维等汉学家。他们从自身的文化视角和意识形态去翻译和解读《中庸》文本，出现了不同的译本。本文选择安乐哲的《中庸》译介，管窥其中的跨文化传播思想，进而探讨如何实施中华传统文化"走出去"的策略，进而增强中华文化话语权。

　　安乐哲（RogerT.Ames）是 20 世纪 90 年代以后中国思想典籍译

介的集大成者，是一位中国古典思想文化的热心阅读者与传播者。安乐哲到夏威夷大学任教后，在学术上与郝大维合作，相继出版了《通过孔子而思》(Thinking Through Confucius)(1987)、《期待中国：透过中西文化的叙事而思》(Anticipating China：Thinking Through the Narratives of Chinese and Western Culture)(1995)、《由汉而思：中西文化中的自我、真理和超越性》(Thinking from Han：Self, Truth and Transcendence in Chinese and Western Culture)(1998) 等代表作。[①]在 2001 年安乐哲与郝大维合译了《切中伦常：中庸的英译与新诠》(Focusing the Familiar：A Translation and Philosophical Interpretation of the Zhongyong)。在这本书中，安乐哲对《中庸》这部蕴涵中国哲学思想的典籍以全新的手段进行翻译，并以独特的视角进行诠释。而其这样做的目的在于在中国哲学和西方哲学之间构建一座桥梁，实现中西方哲学的融会贯通，也让中华传统文化以独特的韵味展现给西方世界。如此，安乐哲对《中庸》的译介中闪耀着跨文化交流和传播的思想光芒。

图 8：安乐哲肖像

① 谭晓丽著：《和而不同：安乐哲儒学典籍英译研究》，中央编译出版社，2011 年，第 35—37 页。

第一节　安乐哲《中庸》译介中的跨文化传播智慧

1959 年,美国文化人类学家曼德华·霍尔在他的《无声的语言》一书中提出了跨文化传播概念,意思是指来自不同文化背景的人们相互交流的一种情境。[①] 跨文化传播是不同文化背景的人在人际传播和大众传播等各个层面进行的交流,也包括不同文化背景的人对他者文化文本的解读。而这其中重要的一个因素便是语言,《中庸》文本以文言文的语言作为媒介传播中国智慧,安乐哲也以特有的术语来翻译和诠释《中庸》文本。这种语言上的交流和对文化思想的解读正是跨文化的核心目标,也即在于双方去理解和被理解这样相互的过程[②]。从这里可以看出语言会有差异,但是可以通过翻译和诠释达到对文本的理解进而实现沟通交流。因此,语言在跨文化交流和传播中起到中介桥梁的作用,是促进跨文化交流和构建新式对话体系的重要力量。从更深层次来讲,正是语言背后人类拥有共通的认知或者相似的个性和倾向[③],才能使跨文化传播成为可能,这也是本文选择安乐哲汉学家译介中国典籍进而考察跨文化传播智慧的立足点。

一、“我与你”的主体间性(inter-subjectivity):译者与文本平等的视角

“主体间性”(inte-rsubjectivity),又译作“主体际性”“主观间性”“交互主体性”。主体间性问题是伴随着主体性问题的批判性反思提出来的,其关注的主要问题可以表述为“自我与他者”之间的关系

---

　　① 王金会:《跨文化传播下的文化融合与文化自觉》,《黑龙江社会科学》2007 年第 2 期第 101 页。

　　② Ram Adhar Mall.Intercultural Philosophy. UnitedStates:Rowman&Littlefield Publishers..2000.p.17

　　③ Ibid., p.47.

问题。① 因此，在主体间性的理论和主要核心观点中，在于两者以平等的视角解读对方的文化，把原来"我和他"的这种主客体思维扭转过来，转换成"我和你"的视角，从而避免以自我为中心去对待其他客体。这种交流中思维和主体地位的转换能够在更大程度上克服传播交流中的隔阂和障碍，化解矛盾。在本文关于安乐哲的译介中，也可以找寻到其"我和你"的主体间性的跨文化传播思维。

安乐哲在把《中庸》文本翻译成能够在西方世界传播的文本，成为中西方能够进行交流的载体，其中翻译的语言在中西方是相通的和可以理解的。因此，这种传播活动具有主体间性；其次，在主体间的传播中，安乐哲提倡"阐释域境"，在文本的语境中去审视自我和"他者"，从这种意义上说，安乐哲将他自己和文本放在平等的传播关系中，二者的主体性在传播主体间延伸，亦即在传播主体与主体的相互理解、相互沟通、相互影响中延伸……② 从这里看出，安乐哲用可以共通的语言和在相同的语境中，以"我与你"平等的视角构建了跨文化传播的主体间关系。

（一）异化的语言翻译策略

西方世界与中国拥有不同的语言系统，这些不同的语言代表着不同的价值观和认识，正如德国著名释义学家伽达默尔认为，语言本身就是一种世界观，人因为有了语言，所以有了一个"世界"，同"世界"有了一种"关系"，对世界有了一种特殊的"态度"。③ 因此，在跨文化传播过程中，西方世界总是会用他们特有的话语体系和语义系统来解读中国文化，以致在解读中会产生不一样的结果。但是在安乐哲看来，中国典籍没有一个完全客观的、不变的意义，由此他采用了

---

① 孙庆斌：《从自我到他者的主体间性转换——现代西方哲学的主体性理论走向》，《理论探索》2009 年第 3 期，第 35 页。

② 单波著：《跨文化传播的问题与可能性》，武汉大学出版社，2010 年，第 100 页。

③ 郭庆光著：《传播学教程》，中国人民大学出版社，1999 年，第 29 页。

异化的策略对中国典籍进行翻译,从而有一个能够让中西方世界都能理解的《中庸》文本,突出中国哲学的独特性,同时又要让其研究和翻译为改造现代西方世界所用。当然,异化策略也许会创造不同的语言,但安乐哲不是要对中华传统文化进行翻译操控,更不是违背翻译伦理对原文进行覆盖性书写……①。

当代翻译理论家劳伦斯·韦努蒂(Lawrence Venuti②)在《论译者的隐形》一书中,将翻译方法分为"异化法"和"归化法"。一般说来,异化策略能向译入语环境介绍不同的社会生活、文化、思想和观念,推动文化融合。③可以说,在安乐哲对《中庸》的翻译文本中充分保留了其原有的中文语言特点,更准确地还原文本语境和意义。我们看到其在具体的异化翻译策略中使用了"焦点与场域的语言"。"焦点与场域的语言"(the language of focus and field),这种语言假定了一个由各种过程和事件彼此相互作用的场域所构成的世界。在那样的场域之中,并不存在一个最终的因素,只有在现场场域之中不断变化的焦点,并且每一个焦点都从各自有限的角度出发来聚焦整个场域。④实际上,"焦点与场域的语言"体现的是对中国过程性思维、关联性的适应,所以在具体翻译过程中,安乐哲使用了具有能够表现关联和过程性的组合词或者创造性词汇,而抛弃西方原有的偏见性词汇。举例来说,关于"中庸"有很多种译法,理雅各(James Legge)译为"The Doctrine of the Mean",mean 指的是"中""居中"等,仅从表面理解"中庸"的含义,不能表现其丰富的内涵。杜维明译为"centrality and

① 侯健:《相遇在濠梁之上:再论安乐哲与郝大维的〈中庸〉英译》,载《外国语》,2016年第 39 卷第 1 期,第 81—82 页。

② Lawrence Venuti. The Translator's Invisibility:A History of Translation[M].Shanghai:Shanghai Language Education Press,2004.

③ 贾彦平,王梅:《典籍英译中的译者主体性——以〈中庸〉三种译本为例》,载《牡丹江大学学报》,2016 年第 25 卷第 11 期,第 115 页。

④ [美] 安乐哲,郝大维著:《切中伦常:〈中庸〉的新诠与新译》,彭国翔译,中国社会科学出版社,2011 年,第 27 页。

commonality"（中心性和平常性），这个翻译更加接近"中庸"的原意，但是杜维明的翻译存在的不足在于，他的注释仍然没有充分摆脱各种实体性的假设。① 而安乐哲对"中庸"的翻译为"focusing the familiar affairs of the day"这个翻译"在一定意义上起到了对中国古代主要文化特性的过程性阐释的功能"。正如他们自己所述，这一翻译打破了西方单义性的偏见，更有益于传达中国哲学之深邃悠远的意义。②

安乐哲在"焦点与场域的语言"这种过程性和关联性思维的影响下，更多的是对《中庸》文本中的重要概念进行创造性诠释。如对《中庸》的篇章开头，安乐哲这样翻译：

天命之谓性，率性之谓道，修道之谓教。

What（tian 天）commands（ming 命）is called natural tendencies（xing 性）；drawing out the se tendencies is called the proper way（dao 道）；improving upon this way is called education（jiao 教）。③

或者说是对《中庸》第 20 章"诚"的翻译：

诚者天之道也，诚之者人之道也。

Creativity is the way of tian（天之道）；creating is the proper way of becoming human（人之道）。④

一直以来，对于"天""道""性"这类术语被翻译成"Heaven""the

---

① 同上，第 20 页。

② 李乐：《"中庸"一词英译的哲学反思》，载《常州工学院学报（社科版）》，2013 年第 31 卷第 1 期，第 65 页。

③ ［美］安乐哲，郝大维著：《切中伦常：〈中庸〉的新诠与新译》，彭国翔译，中国社会科学出版社，2011 年，第 109 页。

④ 同上，第 81 页。

Way""inborn nature"。这些翻译术语不能全面地解释"天""道""性"在中国哲学中的含义，只是将其固化成西方认识中某种特定的意义，这样一种诠释恰恰损害了蕴涵在《中庸》文本脉络本身之中的创造性观念①。如果用焦点——场域（focus-field）的语言来说，"天"是一个包含了社会的、文化的和自然的等诸多因素在内的存在脉络，这个脉络由圣贤人物得以聚焦为中心，通过圣贤人物得以表现以及通过与圣贤人物进行融合交流，进而实现人与道的合二为一，这也正好体现《中庸》的内涵。另外，"诚"翻译成"creativity"而非"sincerity"或"integrity"，强调"诚"作为《中庸》重要主体的宇宙创造性的核心地位。显然，"焦点与场域的语言"能够避免词汇意义的固化而使之具有延展性，更大地体现了汉语的隐喻性、多义性，为语言的内在性指涉提供了积极的空间，为我们更好地理解翻译提供了可能性。② 可以说，安乐哲描述和诠释了一个过程性、创造性和关联性的中国哲学思维和以此为特征的世界，但应该看到的是，安乐哲这种创造性诠释的语言和意图在于能够以平等视角看待中国哲学，并与之对话，从而更好地传播中华传统文化，促进中西方文化的交流而不陷入误读。

（二）在"阐释域境"中主体的沟通和理解

在安乐哲对《中庸》等中国思想典籍的译介中，主张译者在翻译和解读中国典籍文本的时候应该回归到文本的语境中，在特定的时空中去找寻和理解文本作者的思想内涵。也即，文本归属于特定的时间和特定的地点，要理解这些文本，我们要尽我们的想象之力把文本放回到他们的阐释域境中去。③ 安乐哲的这种翻译思想及做法能够更好

① 同上，第19页。
② 李乐:《"中庸"一词英译的哲学反思》，载《常州工学院学报（社科版）》，2013年第31卷第1期，第65页。
③ 常青，安乐哲:《安乐哲中国古代哲学典籍英译观——从〈道德经〉的翻译谈起》，《中国翻译》，2016年第4期，第88页。

地进行意义的交换，当然这个意义交换的前提在于安乐哲能够对《中庸》文本中的语言和文字符号进行共通的理解。

《中庸》第 33 章中有《诗经》引文："相在尔室，尚不愧于屋漏"①安乐哲和郝大维翻译如下：

The Book of Songs says:

Being seen as you dwell in your own residence,

Be without shame even in the most secluded corner.

诗句中的"屋漏"是一个极具中国文化特色的词汇，指"室西北隅也"，通常被认为是"最为隐秘的地方"。安乐哲和郝大维将"屋漏"译为"the most secluded corner"（最隐秘的角落），可以说安乐哲和郝大维的译文是忠实于原文的，②并能够理解该词汇在中国文化中的准确含义。再如，《中庸》第 17 章里的《诗经》引文"嘉乐君子，宪宪令德。宜民宜人，受禄于天。保佑命之，自天申之"③其中：德，指君王的美德、德性等。安乐哲将"宪宪令德"翻译为"Such an abundant display of illustrious excellence（de 德）"充分尊重了原文语境。④可以看出，安乐哲能够准确理解中国文化词汇的特定含义，并能够在《中庸》的语境中译释《诗经》的引文，实现从字面到文化内涵的会通。

汀 - 图梅认为，"高度语境文化"如以中国、日本、韩国等为代表的历史悠久的东方文化，在既定的文化系统中解释信息时强调意义对语境（context）关联的重要性，也就是说，任何解释都是联系到语境

---

① （宋）朱熹撰：《四书章句集注》，中华书局，1983 年，第 39 页。

② 江晓梅著：《〈中庸〉英译研究：基于理雅各、辜鸿铭、休中诚、陈荣捷、安乐哲和郝大维译本的分析》，武汉大学出版社，2016 年，第 211—213 页。

③ （宋）朱熹撰：《四书章句集注》，中华书局，1983 年，第 26 页。

④ 江晓梅著：《〈中庸〉英译研究：基于理雅各、辜鸿铭、休中诚、陈荣捷、安乐哲和郝大维译本的分析》，武汉大学出版社，2016 年，第 220 页。

的解释，从而没有绝对固定的解释；意义依赖于语境而不是被固定于语词。① 换言之，也就是能够在文本作者语境中去理解其中的含义，实现主体之间的相互沟通、相互理解，在交流和传播中产生新的意义。实际上，安乐哲的"阐释域境"的做法是受到中国文献互文性影响的。安乐哲注意到中国哲学典籍思想中相互参照、隐喻的特征，发现其文本符号互文性的运用。所谓互文性是一个词有着自己的语义、用法和规范，当它被用在一篇文本里时，它不但携带了它自己的语义、用法和规范，同时又和文中其他的词和表述联系起来，共同转变了自己原有的语义、用法和规范。② 在中国古代典籍之间具有相互借鉴的关联性，同时其语言具有含糊性，如《中庸》第三章中，子曰："中庸之为德也，其至矣乎，民鲜久矣"在《论语》中被一字不差的引用。当然《中庸》与《孟子》文本也有互文性的联系。互文性在中国典籍中的运用，一方面反映了中国语言的模糊和隐喻的功能以及思想的关联性，同时也能够反映出译介中国典籍需要以情境方式才能解读其中蕴含的深邃的哲学思想。正如安乐哲的老师刘殿爵教授坚信，必须回到原典中去，从文本出发进行研究。③ 其出发点和目的是一样的，就是要求能够从最原始的文本和情景中发现中国智慧。通过对中国哲学文本关联性思维以及互文性的重视，安乐哲的阐释域境体现出了主体间性之间主体交往和传播的重要性和意义。

二、文化的主体间性：尊重文化多样性，形成文化互惠

在跨文化传播中，传播主体之间的交往和传播应该进一步提升到文化的主体间性，也即让不同的文化之间产生对话，彼此尊重文化多

---

① 吴予敏：《跨文化传播的研究领域与现实关切》，《深圳大学学报（人文社会科学版）》2000 年第 17 卷第 1 期，第 78 页。

② [法] 萨莫瓦约著：《互文性研究》，邵炜译，天津人民出版社，2002 年，第 4 页。

③ 杨朝明主编《孔子文化奖学术精粹丛书·安乐哲卷》，华夏出版社，2015 年，自序第 7 页。

样性，形成文化互惠。^①文化的主体间性（culturalinter-subjectivity），这也是跨文化传播理论所推行的和谐理念中必不可少的部分。文化的主体间性是指文化主体超越本己文化去尊重、理解和诠释他者文化，并希冀从跨文化的理解中，开阔视野，以具有豁达的胸怀及多元的问题解决方式。^②安乐哲正是看到中国传统文化和西方文化在价值观念和思维方式上存在的差异，而其翻译也正是从这个差异出发，尊重文化多样性，寻找一条文化的主体间性的解决路径，来提升跨文化交流和传播的互动。实际上，在这个观念的指导下，文化的主体间性应该富有更多的实践指导意义，实现文化互惠。

（一）在安乐哲对《中庸》等中国典籍的译介行为中，我们可以感受其感知文化差异的跨文化敏感。^③

这种敏感是不同文化相互理解和沟通，尊重文化多样性和提升文化主体间性的一种重要的心理认知。在安乐哲对《中庸》的译介以及阐释中，中国儒家文化中"天""道""性"等关键哲学术语彰显了丰富的哲学思维。其采用不同的翻译策略以及诠释视角，以便能够反映文本真实的意思以及能够准确地阐释中华文化的智慧思想。这种做法体现了安乐哲对待异质文化的态度，也是尊重和保护文化多样性的情怀。这种情怀能够跨越文化差异和隔阂，突破"文化中心"狭隘的视野，在跨文化传播中具有重要的意义，从更长远来看，尊重文化多样性也是世界文化繁荣发展的必要保障。

（二）在文化的主体间性中提升互动能力，形成文化之间的互惠。

互惠的特点应该是在文化差异中互补性知识，强调文化观念的互

---

① 单波著：《跨文化传播的问题与可能性》，武汉大学出版社，2010年，第26页。
② 罗新星：《跨文化传播理论的和谐价值》，《东南传播》，2009年第7期，第51页。
③ 单波著：《跨文化传播的问题与可能性》，武汉大学出版社，2010年，第127—128页。

相印证，^①其目的是能够在文化交流互动中发现自身的不足，寻找他方文化的优秀和精华部分对自身文化不足之处进行优化和补充，形成互惠互利的文化交流结构。在安乐哲的译介中，通过对语言文本的翻译让《中庸》的思想得到诠释和传播，在文化互动中丰富和发展其中的精神价值，同时也补充和修正西方传统的价值观念。譬如将西方的过程哲学和实用主义思想带入儒家思想，而通过西方哲学术语将中国儒家追求和谐和过程性的思想融入西方哲学的脉络之中，这对于文化的主体间性的和谐互动具有重要意义。安乐哲将《中庸》中"诚"译为"Creativity"，体现了中国过程性宇宙观，而西方学者詹姆斯和杜威非常过程化的语言则能与之产生富于成果的共鸣，也能够用于解释《中庸》称颂人类创生力的源泉。^②二者观念相通，互相印证，产生共鸣，促成文化互惠。

三、强调文化沟通理性：寻找文化间的交融与整合

在尊重文化多样性，实现文化互惠的基础上，跨文化传播应该用一种沟通理性将不同文化进行交融与整合，构建世界文化交流的新话语体系。在全球化背景下的跨文化交流和传播，沟通是必要和重要的手段，当代哈贝马斯（Habermas）也强调沟通理性的重建，寻求多元世界中不同观点间由沟通而至共识。^③换句话说，应该通过对话与倾听，通过鼓励对话与倾听、以理性说服而非暴力的方式，来解决社会生活中个人视角与他人视角之间的矛盾，以达成人们之间"视角的融合"。^④在安乐哲对《中庸》的译介实践中，始终体现了其沟通理性的

---

① 同上，第 103 页。
② [美]郝大维，安乐哲著：《先贤的民主：杜威、孔子与中国民主之希望》，何刚强译，刘东校，江苏人民出版社，2004 年，第 194 页。
③ 杜维明著：《儒家精神取向的当代价值：20 世纪访谈》，北京大学出版社，2016 年，第117页。
④ 贺来：《辩证法与实践理性》，《天津社会科学》，2009 年第 5 期，第 13 页。

智慧，用具体的翻译实践去分析中西文化之间不合理的问题，并提出解决中西文化相互借鉴、交融适应和整合等办法，体现其处理不同文化的情怀和智慧，也反映人类理性对事物的掌控能力。例如其对理雅格、辜鸿铭等学者的《中庸》文本中术语翻译的质疑，实际上就是通过阅读中国古代典籍原文献，了解中国哲学思维，对扭曲解读中国传统哲学思维的实践进行更正和探索，构建一套新的诠释中国哲学思想体系以及语言和文化之间的沟通体系。

更进一步讲，安乐哲的这种沟通理性更重要的意义在于能够促进文化之间的交融与整合，将个体、种族以及文化之间的融合不断推向一个新高度，也即人类能在面对世界变化的情境下不断走向融合，从而形成一个"你中有我，我中有你"的多种文化共荣共存的命运共同体。应该看到，在跨文化传播过程中新的意义和文化内涵在不断产生，世界文化也就变得越加丰富，越加璀璨。因此，文化与文化的交流不是零和游戏，不必采取你争我夺的方式。越交流，双方的资源就越多。①

第二节　安乐哲跨文化传播思想的形成原因探析

上文中我们探讨了安乐哲关于《中庸》译介的跨文化传播智慧，作为哲学家和汉学家的安乐哲，精通中国的语言和文化，并能够在具体的译介中融入西方哲学的精华，实现中西文化的有机融合。这种跨文化传播智慧的形成具有深刻的缘由，既是顺应时代要求，也是安乐哲自身学术经历和作为哲学家的使命使然。

---

① 杜维明著：《儒家精神取向的当代价值：20世纪访谈》，北京大学出版社，2016年，第109—110页。

一、时代背景的要求

伴随着全球化进程的推进，尤其是进入 21 世纪以后，全球各地区在政治、经济、文化上的交流甚至冲突程度在不断加深。一个国家或地区的问题可能演变成全球性问题，如全球变暖、流行病以及地区宗教冲突等，而解决这些问题需要全球协同解决，才能抵御威胁。应该看到中国在进入 21 世纪之后，国际地位不断提升，对世界经济和政治秩序的重构起到深刻的影响。伴随着中国国际影响力在全球范围内的上升，中国文化也将在世界文化丛林中不断增强话语权，虽然其中所蕴涵的哲学思想尤其是儒家思想不是解决全球化进程中的问题的终极答案，但其哲学智慧对全球各地区处理全球化问题提供个了一条有效的路径和方向。当前，中国政府正在稳步推进经济、政治和文化体制改革，中国的实力进一步增强，在此过程中，中国政府也十分重视文化软实力建设，从全球各地孔子学院以及与俄罗斯、英国、德国等国家和地区互办文化交流年活动，便可看出中国文化正与世界其他文化实现交流，以逐渐实现由边缘地位向世界文化中心靠拢的目标。现在，中国对世界来说是这样重要，它应该以其本来的面目，用它自己的声音来说话，面对世界，并获得理解。[①] 正是基于全球化进程以及中国文化软实力的提升，安乐哲等汉学家在此背景下致力于深入研究中国文化，是顺应了时代要求，也为更进一步推动中国文化与西方文化交流提供有效的沟通策略和路径。

二、安乐哲的学术经历和哲学家使命

安乐哲的求学和学术经历让其参与到中西跨文化交流活动中来。1966 年 18 岁的安乐哲作为霍德兰斯大学交换生到中国香港进修，并沉醉于中国哲学的思想艺术，期间受到唐君毅先生和牟宗三先生的教

[①] 　[美] 郝大维，安乐哲著：《通过孔子而思》，何金俐译，北京大学出版社，2005 年，第 436 页。

诲，之后带着其导师刘殿爵先生翻译的《道德经》返回加拿大并开始倾心钻研中国哲学。安乐哲后来在台湾以及哥伦比亚大学学习中国哲学，最后到伦敦大学师从西方最受尊崇的中国哲学翻译大师刘殿爵先生，并获得博士学位。在这学术经历中，刘殿爵先生主张阅读中国哲学原始文献，以及安格斯·葛瑞汉（A.C Graham）对中国哲学的"关联性思维"的研究也给了安乐哲不少启发①。安乐哲博士毕业后到夏威夷大学哲学系任教，并担任教授，与郝大维合译了《切中伦常：中庸的英译与新诠》（Focusing the Familiar：A Translation and Philosophical Interpretation of the Zhongyong）等著作。另外，安乐哲也是美国东西方中心亚洲发展项目主任、《东西方哲学》主编及《国际中国书评》主编。在安乐哲求学过程中，由于其自身对人文教育的浓厚兴趣，尤其是对中国哲学智慧的着迷，使其致力于研究中国哲学，在学术研究和求学过程中深刻体会中西文化的差异性。安乐哲以自身的学术研究和求学经历践行着跨文化的交流和传播活动，当然更是其一种深入的个人精神的转化和诉求。②

一直以来，西方文化占据世界中心，它信奉个人主义，其追求的意义在于上帝与世界二元对立中产生，并试图把握事物的本源及确定性物质，呈现出普遍性哲学特征。这种传统哲学思维容易形成民族文化中心主义和自我封闭系统，影响跨文化交流。而相对的，其他国家和地区的文化则处于边缘地位，以至于被忽视，甚至被误读，尤其是中国哲学一直以来不被西方认为是真正的哲学，以致中国哲学在跨文化交流中不被理解和认可。由于这种文化地位的不平衡，激起安乐哲等汉学家通过对中国《中庸》等古代哲学典籍的译介，以平等的视角

---

① 谭晓丽著：《和而不同：安乐哲儒学典籍英译研究》，中央编译出版社，2011 年，第 35—37 页。

② 杨朝明主编：《孔子文化奖学术精粹丛书·安乐哲卷》，华夏出版社，2015 年，第 9 页。

解读中国文化，试图突破西方哲学传统中种族中心主义的顽固偏见。[①]
实现其让"中国哲学讲中国话"[②]，进而实现中西文化的交融的使命。
具体来说，安乐哲深入梳理和研究中国哲学文本及其思想后，发现了
中国哲学的过程性思维，也即一切事物和思考都在变化的关系和过程
中完成，其唯一永恒的就是变化本身，[③] 而且一切事物具有关联性和共
通性。中国哲学的这种过程性和关联性思维和美国杜威等本土哲学家
倡导的实用主义具有某种程度上的契合。因此，他希望能够用美国哲
学术语和框架来阐释中国哲学，实现中美两国文化交流，让中国文化
在美国乃至全球范围内得到更好理解和认同，[④] 当然更重要的是能够实
现世界文化共荣共生的和谐局面。这既是他的哲学家使命，也是他对
中西跨文化交流的贡献。

第三节 中华传统文化"走出去"的策略和路径

中华文化博大精深，源远流长，是中国人民的智慧的结晶和中国
哲学思想的体现。当前中国在国际中的形象越来越凸显，拥有较大的
话语权，因此，树立中国国家形象，提升中国国家软实力显得越来越
重要和紧迫。传播传统中华传统文化和中国的智慧是建立新的国家形
象和提升软实力重要的策略和途径。通过安乐哲译介中国思想典籍
《中庸》的观念和策略，探究其中的跨文化传播思想及其形成缘由，对
提出中华传统文化的"走出去"战略具有重要的启示意义。我们以为，
中华传统文化的跨文化传播，讲好中国故事，引导中华传统文化"走
出去"是一项系统性工程，应是有具体引导"走出去"的实际策略，

---

① 安乐哲：《我的哲学之路》，载《东方论坛》，2006年第6期，第15页。
② 安乐哲：《让中国哲学讲中国话》，田辰山译，《人民日报》，2015年8月10日，第16版。
③ [美]安乐哲、罗思文著：《〈论语〉的哲学诠释：比较哲学的视域》，余瑾译，中国社会科学出版社，2003年，第24页。
④ 安乐哲，何金俐：《文化对话的意义》，《中文自学指导》，2004年第5期，第2页。

更应该有从中国儒家哲学智慧中所提倡的在面对异质文化时的开放心态。

一、以我为主：发掘和保护中华传统文化

中华传统文化源远流长，富有中华民族特有的思维方式、价值观念。发掘中国文化中特有的文化资源，从中整理出具有传播价值的中国智慧用以更好地指导传播和生活实践。具体来说，发掘中华传统文化可以从以下两个方面进行：一方面是从代表中华传统文化的物质载体进行发掘和整理；另一方面，则从管理部门角度进行措施优化，推动中华传统文化的宣传和话语体系的建设。

首先，中华传统文化物质载体，既可以是中国四书五经等代表中国智慧的各类古典典籍和史书，也可以是依靠于考古部门挖掘的各类文物资料，还可以是代表民间艺术或地方民族特色的各种艺术表现形式。应加强对这些方面的发掘整理，进而使这些物质载体形式，体现文化内涵并加以灵巧传播。应该说，中国的传统文化资源非常丰富，也会随着考古等发掘方式不断被整理出来。其次，从管理部门角度来讲，其在发掘和保护中华传统文化方面有两个方面重要的功能和作用。第一，建立中华传统文化的保护平台，将现有的各类传统文化资源给予分类整理和保存，譬如可以依靠数字化技术对传统文化进行存储，并以更加生动的形式还原和展现给读者。第二，应该大力宣扬发掘和保护中华传统文化，在政府、民间组织到个人体系中宣传发掘中华传统文化的重要意义，并以鲜明的案例进行宣传，提高传播效果。在此基础上，管理部门应该建构一套中华传统文化的思想智慧保护体系及建设富有中国特色的话语体系。近年来，中国在挖掘和梳理中华传统文化资源和构建中国话语体系上卓有成效，丰富了中华传统文化的形象。这些资源为中国"以我为主"，走向世界，塑造中国形象和争取国际话语权方面创造了重要的信息传播内容与动力。

二、"至诚无息"：创新文化传播形式

在安乐哲和杜维明等汉学家的观念中，《中庸》语境中的"诚"应表示一种"创造性"，安乐哲认为人类创造性在广大宇宙脉络中具有重要的作用。正如杜维明所说，作为"创造性"，"诚"是不息的。由于其不息，"诚"不会在一种超越时空关联的单一行为中进行创造。毋宁说，它是在时空的连续不断的过程中进行创造。[①] 因此，我们认为，"至诚无息"体现出不断创造，不断更新的过程，在中华传统文化跨文化传播过程中，要在丰富的文化资源的基础上，不断创新文化传播形式，形成有中国特色的传播表征系统，以促进在国际交流上实现充分的对话和交流。

第一，将中华传统文化转换成各种艺术表现形式，融入日常生活中。如举办各种传统文化艺术活动，将传统文化内化于心，加深受众对中华传统文化自身的认识，并能够用自己的语言讲述中国故事，力求实现"中国内涵、国际表达"。[②] 第二，从人际传播角度来讲，可以派遣中国学生到海外留学交流，用富有中国传统文化思想逻辑和智慧特色的语言（当然这类语言是易于理解和被认同的），以此进行国际交流，将中华传统文化传播出去；也可以广泛吸纳海外留学生来中国生活学习，了解中国传统文化，最终让他们用他们的话语到世界传播中国声音。在这个层面上，传播个体的形象以及传播环境的塑造具有重要的影响，如此能够起到积极引导则能提升中国与海外的交流传播的效果。第三，从组织传播的角度看，一方面政府加强对孔子学院的管理，注重完善新闻发布制度，提高对文化危机事件的反应速度及应对能力[③]。另一方面，加强民间文化组织的交流，以民间文化团体的身份

---

① 杜维明：《论中庸：儒家宗教性研究》第16—17页。转引自安乐哲、郝大维著：《切中伦常：〈中庸〉的新诠与新译》，彭国翔译，中国社会科学出版社，2011年，第59页。

② 彭慧，潘国政：《增强中华文化国际影响力的思考》，载《广西社会主义学院学报》，2013年第1期，第94页。

③ 谢清果：《中国文化的话语权提升之道》，《人民论坛》，2016年第23期，第13页。

进行访问、演出、办学，或者设立其他民间组织的文化交流常驻机构，将传统文化以办学或者活动的形式相对持续系统地在海外进行传播，让中华传统文化在海外扎根。第四，从大众传播层面上看，利用大众媒介如图书出版、电影出口、广告传播等方式介绍中华传统文化，尤其注重对"外向型"媒体的推广，提高中国媒体的境外落地率[①]。此外，目前应该充分利用新媒体平台对中华传统文化进行加工创造，借助中国新媒体企业进行传播，适应时代对新媒体使用的需求，也更能让受众接受。譬如，在"外向型"媒体中开发 APP 固定推送中华传统文化。总之，从个人、组织到大众传播等层面能够对中华传统文化全方位进行创造性宣传，增强中华传统文化话语权。当然，在传播过程中应该注意把握"入其俗，从其令"，适应文化的特殊情形，传者应该恪守"内外有别"原则，更多地考虑受者需要，从而调整文化传播策略。[②]

图 9：安乐哲肖像

---

① 谢清果：《中国文化的话语权提升之道》，《人民论坛》，2016 年第 23 期，第 12 页。
② 朱清河：《跨文化传播视角下中国传统文化智慧的当代启示》，载《陕西师范大学学报（哲学社会科学版）》，2011 年第 40 卷第 2 期，第 149 页。

三、持守中庸:以中和心态面对冲突和差异,建立文化对话机制

宋代程颐解释说:不偏之谓中,不易之为庸。中者,天之正道;庸者,天下之定理。"中庸"的真旨是寻求最适度,寻求最佳值。它允许、容忍"量变",甚至本身就是个"变量"。①所以,中而有节、和而不同、庸(用)而能权,就是提倡根据主客体关系或情况来调整自己的行为,让行动之"轴"在前后左右做一定的有利"摆动",或合理"倾斜"。②实际上,"中庸"要表达的就是一种在处理各种事务中所持有的一种中和心态。诚如《中庸》在第一章所说,"致中和,天地位焉,万物育焉。"在日常生活中持守中道,保持平衡,最终参与天地化育,成为万物的创造者。③在跨文传播过程中,首先,我们需要发掘中国传统文化资源,也需要对文化传播形式进行创新,而且传播过程中面对异质文化应该保持中和心态,注意回避文化间的可能的冲突。因此,拥有这种中和的心态才能在中华传统文化"走出去"过程中正确有效地处理文化之间的隔阂和障碍,提升传播效果。其次,面对冲突和差异,应该选择在不同文化间建立对话互动机制,打通异质文化之间的交流通道,创造一个可对话、可比较、可共享的文化交流平台,而不能有先入为主的观念去评判一个文化的优劣性。换言之,在对话中,价值和意义不是预先规定的,而是在循环不已的问答对话过程中被揭示出来的。④因此,文化对话互动机制和平台搭建的一个重要目的和意义在于发掘各自文化存在的价值和意义。在此之后,根据价值和意义的差异,选择不同的交往和传播策略,以适合对方的方式传播

---

① 同上,第146页。
② 萧兵著:《中庸的文化省察——一个字的思想史》,湖北人民出版社,1997年,第285页。
③ [美]安乐哲,郝大维著:《切中伦常:〈中庸〉的新诠与新译》,彭国翔译,中国社会科学出版社,2011年,第152页。
④ 郭继民,苗青:《对跨文化对话的反思》,载《中国矿业大学学报(社会科学版)》,2007年第3期,第138页。

中华传统文化，在对话中不断消解曲解，促进文化和谐交流。其实在全球化和现代化进程中，人类社会面临很多全球性的问题，需要大家一同解决，但却又存在文化异质性。因此，这必须要有文化对话为基础，需要形成不同文化传统间的共通意义空间，在此空间中相互尊重、相互理解，进行平等对话和交流。

诚然，在跨文化传播过程中，以中和心态来面对冲突和差异，进而相应地建立对话互动机制，对保持文化多元性，和谐解决人类面对的共同问题，寻找文化之间的共同点和结合点，创造更加丰富多彩的文化形态具有重要的意义。正如安乐哲引用《论语》的话语认为，"己欲立而立人，己欲达而达人"。我们唯一的出路就是走向互信与合作。只有通力合作才能有办法解决世界面临共同问题。①

四、和而不同：构建和谐文化秩序

当前，世界文化霸权主义和文化中心主义不时出现，造成全球层面政治、经济、自然等各个领域的冲突，甚至升级为局部战争，这种对世界跨文化交流和传播来说是一个障碍，对世界和平稳定发展是一个很大的威胁。而缓和乃至解决这种冲突，可以从中国儒家的典籍思想中探寻解决策略。我们以为，在跨文化传播中，中国哲学的"和而不同"，能够在文化之间寻找一个共同点，解决文化差异问题，进而解决其他社会问题，化解冲突，构建和谐的文化秩序，而其理想的状态是对立面的消解，异质的调和，遵循"和而不同"②理念，从而维护整个地区和世界的和平发展。具体来说，第一，应该在文化间寻找对话和交流，取得共识。"这是一个从'不同'到某种意义上的'同'的过

---

① 常青，安乐哲：《安乐哲中国古代哲学典籍英译观——从〈道德经〉的翻译谈起》，《中国翻译》，2016年第4期，第92页。

② 萧兵著：《中庸的文化省察——一个字的思想史》，湖北人民出版社，1997年，第1167页。

程。这种'同'不是一方消灭一方，也不是一方'同化'另一方，而是在两种不同文化中寻找交汇点，并在此基础上推动双方文化的进展，这正是'和'的作用。"① 第二，中国的"和"是一个动态和变化的过程。虽然在一定时空下，不同文化能够达到某种共识，维护共同发展，但是文化双方应该根据不同社会环境而不断调整策略，因为"和而不同"讲求的是过程性和动态性，而非西方崇尚静止和不变性②，它要求在文化交流融合过程中不断变化策略，不断提升契合度。第三个，"和而不同"对世界文化交流冲突以及其他社会领域的冲突的解决，它的终极指向便是构建和谐的文化秩序，有效地引导世界文化的交流，打造人类命运共同体。可以说，这个思想是医治文化霸权主义与文化自闭主义的一剂良方，是全球化场景下文化发展和文化共生的必由之路，它应成为多元文化共处的终极原则与价值追求。③ 从更长远来看，跨文化传播中的"和而不同"理念，有助于构建和谐的文化沟通秩序，有助于指向以"和谐"的理念贯穿人类社会生活，创造人类共同的福祉，构建人类命运共同体。

总之，在全球化背景下，世界文化交流频繁，不同文化在交流中冲突、融合和发展。基于对中华传统文化的正确认识和对中国传统哲学思想的正确解读，安乐哲把儒家作为全球的文化进行推广，符合了这个时代的要求，同时也突出他对中西文化交流的贡献，他的这种努力和付出应该值得我们肯定和赞扬。安乐哲在中国古典典籍《中庸》的译介中，体现了他对待"他者"文化的态度以及与中国文化交流中展现的跨文化传播技巧，当然，《中庸》文本本身也蕴涵着跨文化传播智慧。这些跨

---

① 朱清河：《跨文化传播视角下中国传统文化智慧的当代启示》，载《陕西师范大学学报（哲学社会科学版）》，2011年第40卷第2期，第146页。

② ［美］郝大维，安乐哲著：《期望中国：对中西文化的哲学思考》，施忠连等译，学林出版社，2005年，第30页。

③ 朱清河：《跨文化传播视角下中国传统文化智慧的当代启示》，《陕西师范大学学报（哲学社会科学版）》，2011年第40卷第2期，第146页。

文化传播思想对于考察中国传统文化在世界文化大家庭中的地位以及如何传播中华传统文化具有重要的指导意义。总体上看，在跨文化传播过程中，应该注重对包容性的运用，能够以中和与涵容的态度对待世界异质文化，构建和谐文化交流秩序，实际上这也体现了儒家的"包容的人文主义"精神，既不否认也不能轻视超越者，① 它不仅是一种精神，而且是一种指导文化融合的规则和行为。在这种精神指导下，不同文化在相互尊重以及和平的对话和学习中，不断提升自身文化的价值，同时维护了文化多样性，实现世界各文化的共同发展。

---

① 杜维明著：《中庸：论儒学的宗教性》，段德智译，生活·读书·新知三联书店，2013年，第117—118页。

附　录

一、中庸原文、注释与译文

图 10：子思子作中庸处

第一章

【原文】

天命之谓性①，率②性之谓道，修道之谓教。道也者，不可须臾离也，可离非道也。是故君子戒慎乎其所不睹，恐惧③乎其所不闻。莫见乎隐，莫显乎微，故君子慎其独也。喜怒哀乐之未发，谓之中，发而皆中节④，谓之和。中也者，天下之大本也；和也者，天下之达道也。致中和，天地位⑤焉，万物育焉。

【注释】

①性：本性，个性，事物固有的性质。

②率：遵循。

③恐惧：保持谨慎。

④节：节度，法度。

⑤位：在它本来的位置上。

【译文】

人类发展的自然趋势就叫作"性"也就是本性，遵循这种本性就叫作"道"，按照"道"的原则进行修养就叫作"教"。"道"是片刻不可以离开的，所有可以离开的都不是"道"。所有君子在看不到的地方也会警戒审慎，在听不到的地方也时时保持谨慎。越是隐蔽的地方越会显现人的本性，越是微小的地方越是明显，所有君子在他独处的时候也是非常谨慎的。喜怒哀乐没有表现出来的时候，叫作"中"，表现出来以后都是符合节度的，就叫作"和"。"中"是天下的根本，是人人都有的本性；"和"则是大家都公认的准则。达到了"中和"的境界，天地万物就都在它本来该有的位置上面，万物也就都可以繁荣生长了。

第二章

仲尼①曰:"君子中庸,小人反中庸。君子之②中庸也,君子时③而中;小人之中庸也,小人而无忌惮也。"

【注释】

①仲尼:即孔子,孔子名丘,字仲尼。

②之:对于。

③时:时时刻刻。

【译文】

孔子说:"君子是符合中庸之道的,小人则是违反中庸的。君子之所以是符合中庸的,是因为他时时刻刻都保持符合中道的状态;小人之所以是违反中庸的,是因为小人无所忌惮,处处都走极端。"

第三章

【原文】

子曰："中庸其至①矣乎！民鲜②能久矣。"

【注释】

①至：至高，最高的。

②鲜：很少，不多。

【译文】

孔子说："中庸应该是最高的德行了吧！却很少有民众可以拥有它很久吧！"

第四章

子曰："道之不行①也，我知之矣，知②者过之，愚者不及也；道之不明③也，我知之矣，贤者过之，不肖者不及也。人莫不饮食也，鲜能知味也。"

【注释】

①行：实行

②知：通"智"，智者，有智慧的人。

③明：昌明，弘扬。

【译文】

孔子说："道没有得到实行的情况，我是知道的，聪明的人认识的太多了，做过了头，而愚者则还没有认识到。道得不到昌明的情况，我是知道的，贤能的人做的太多了，而不肖的人则做不到。人没有不吃饭的，但却很少人可以真正知道其中的滋味。"

第五章

【原文】

子曰:"道其不行矣夫^①!"

【注释】

①夫:音为"扶",表疑问词。

【译文】

孔子说:"中庸的道大概是行不通了吧!"

第六章

【原文】

子曰："舜其①大知也与！舜好问而好察迩言②，隐恶而扬善，执其两端，用其中于民，其斯以为舜乎！"

【注释】

①其：语气词，表示推测，后文中的"其斯以为舜乎"的"其"也是同一个意思。

②迩言：浅近的话，迩是浅近的意思。

【译文】

孔子说："舜大概是一个有大智慧的人吧。舜为人好问，喜欢向人请教问题，同时他善于倾听，能够分析别人浅近的话里的含义，隐藏他人的缺点，同时展现他人的优点，掌握他们过与不过的各种意见，而采用适中的政策用于民众之中，这大概就是舜之所以是舜的原因吧。"

第七章

【原文】

子曰："人皆曰予知，驱而纳诸罟擭①陷阱之中，而莫知之辟②也。人皆曰予知，择乎中庸而不能期月②守也。"

【注释】

①罟擭：罟指的是捕捉野兽的网，擭通"获"，指装有机关的木笼。

②辟：通"避"，躲避。期月：一整个月

【译文】

孔子说："每个人都说我知道，但是却被驱赶进了陷阱之中而不知道躲避，每个人都说我知道，但是选择了中庸之道却不能遵守一整个月。"

第八章

【原文】

子曰："回①之为人也，择乎中庸，得一善，则拳拳②服膺③而弗失之矣。"

【注释】

①回：指孔子的学生颜渊，其原名颜回。
②拳拳：仅仅握住手的样子，指奉持之貌。
③服膺：放在胸口上，铭记心中的意思。

【译文】

孔子说："颜回是这样的一个人，选择了中庸之道，得到了它的好处，就将它牢牢记在心中，再也不失去它。"

第九章

【原文】

子曰："天下国家可均①也，爵禄可辞②也，白刃可蹈③也，中庸不可能也。"

【注释】

①均：即平整，指治理的意思。

②辞：放弃。

③蹈：踏。

【译文】

孔子说："天下国家可以治理，官爵俸禄可以放弃，锋利的刀刃可以践踏而过，但是中庸之道却不能那么容易就做到。"

第十章

【原文】

子路①问强，子曰："南方之强与？北方之强与？抑而②强与？宽柔以教，不报③无道，南方之强也，君子居之。衽④金革，死而不厌，北方之强也，而强者居之。故君子和而不流，强哉矫⑤！中立而不倚，强哉矫！国有道，不变塞焉，强哉矫！国无道，只是不变，强哉矫！"

【注释】

①子路：孔子的学生，原名仲由。
②抑：连接词，"还是"的意思，而是代词"你"的意思。
③报：报复。
④衽：席子，此处是动词的意思，意味卧着……而睡。
⑤矫：坚强的样子。

【译文】

子路向孔子请教什么才是强，孔子说："你问的是南方之强？北方之强？还是你认为的强呢？在教育人的时候保持宽容柔和的态度，不会报复无道之人，这就是南方之强，君子就是这种强。枕着兵甲而睡，死而后已，这就是北方之强，是好勇斗狠的人才拥有的强。所以君子为人和善而不随波逐流，这才是强真正的样子啊。保持中立不偏不倚，这才是强真正的样子啊！国家政治清明时不改变志向，这才是真正的强啊！国家暗黑的时候仍然能够坚持操守，这才是真正的强啊！"

第十一章

【原文】

子曰："素①隐②行怪，后世有述③焉，吾弗为之矣。君子遵循而行，半涂④而废，吾弗能已矣。君子依乎中庸，遁世不见知而不悔，唯圣者能之。"

【注释】

①素：通"索"，循着痕迹寻找。

②隐：隐僻的道理。

③述：记载。

④涂：通"途"，道路。

【译文】

孔子说："寻找隐僻的道理去做出怪诞的事情来获得名声，虽然后世会有记录，但这是欺世盗名我是不会这样子做的。君子应该遵循中庸之道去做，但在半途之中就放弃了，我是不会停止的。真正的君子遵循着中庸之道，即使一生默默无闻不被人看见或知道也是不会后悔的，这样的事情也就只有圣人才能做到了。"

第十二章

【原文】

君子之道费而隐①。夫妇②之愚，可以与③知焉，及其至也，虽圣人亦有所不知焉。夫妇之不肖，可以能行焉，及其至也，虽圣人亦有所不能焉。天地之大也，人犹有所憾。故君子语大，天下莫能载焉；语小，天下莫能破④焉。《诗》云："鸢飞戾天，鱼跃于渊。"⑤言其上下察也⑥。君子之道，造端乎夫妇⑦，及其至也，察乎天地。

【注释】

①费：广大，广博；隐：细致，精微。

②夫妇：指普通男女。

③与：让，指让其参与。

④破：分开。

⑤鸢飞戾天，鱼跃于渊：引自《诗经·大雅·旱麓》。鸢，老鹰。戾：到达。

⑥察：昭著，明显。

⑦造端：开始，始于。

【译文】

　　君子的道广大而精微。普通男女虽然愚昧，但他们也可以知道君子的道；只是它的最高深境界，即便是圣人也有弄不清楚的地方。普通男女虽然不成才，也可以实行君子的道，但它的最高深境界，即便是圣人也有做不到的地方。天地如此之大，但人们仍有遗憾的地方。所以，当君子说到"大"，就大得连整个天下都承载不下；君子说到"小"，就小得连一点儿也分不开。《诗经》说："鸢鸟飞向天空，鱼儿跳跃深水。"这是说君子的道是可以上下分明。君子的道，始于普通男女，但它的最高深境界在于昭著于整个天地。

第十三章

【原文】

子曰:"道不远人。人之为道而远人,不可以为道。诗云:'伐柯①伐柯,其则②不远。'执柯以伐柯,睨③而视之。犹以为远。故君子以人治人,改而止。忠恕违道不远。施诸己而不愿,亦勿施于人。君子之道四,丘未能一焉:所求乎子,以事父未能也;所求乎臣,以事君未能也;所求乎弟,以事兄未能也;所求乎朋友,先施之未能也。庸④德之行,庸言之谨;有所不足,不敢不勉,有余不敢尽;言顾行,行顾言,君子胡不慥慥尔⑤!"

【注释】

①柯:斧柄。

②则:法则。

③睨:斜视。

④庸:平常。

⑤胡:何,岂不。慥慥:忠厚的样子。

【译文】

孔子说:"所谓中庸之道,不过是率性而为而已,是寻常人都能知道能践行的，所以道是不会远离于人的。若是有自诩为道之人，不愿意从身边的寻常小事开始践行道，却好高骛远的崇尚难行之事，那么他其实并非为道之人。《诗经》有云：'砍削斧柄，斧柄的样式就在眼前'，手里拿着斧柄照着来加工斧柄，应当说很容易，但斜眼仔细一对比，还是会发现两根斧柄的许多不同。所以君子治人的管理之道是因人而异的，只要人知错能改，行真正的不远人之道就行。一个人能做到尽己之心的忠、推己及人的恕，那么离道也就差不远了。所谓忠恕就是对自己不愿意的事，也不要施加给别人。君子之道有四项，我孔丘连其中的一项也没有能够做到：作为一个儿子应该对父亲做到的，我没有能够做到；作为一个臣民应该对君王做到的，我没有能够做到；作为一个弟弟应该对哥哥做到的，我没有能够做到；作为一个朋友应该先做到的，我没有能够做到。努力践行平常的德行，谨慎选择平常的言谈，德行不足就勉励自己要愈发努力地去做，而言谈有失则勉励自己要更加谨小慎微。谨慎到了极处，实践到了极处，言行就能合一，能做到这样的君子怎能不显出忠厚诚实的样子呢？"

第十四章

【原文】

　　君子素①其位而行，不愿乎其外。素富贵，行乎富贵；素贫贱，行乎贫贱；素夷狄，行乎夷狄；素患难，行乎患难，君子无入②而不自得焉。在上位，不陵③下；在下位，不援④上；正己而不求于人则无怨。上不怨天，下不尤人。故君子居易⑤以俟命⑥，小人行险以徼幸⑦。子曰，"射有似乎君子，失诸正鹄⑧，反求诸其身。"

【注释】

①素：处于某种地位，平素、平常的样子。

②入：处于。

③陵：欺辱。

④援：攀附。

⑤居易：素位而行、安于现状。

⑥俟命：等候天命。

⑦徼幸：求得其所不当得。

⑧正鹄：即靶子。

【译文】

君子安于其所处的位置，做平素应当做的事，不生非分之想不慕其外之心。富贵时，就做富贵人应做的事，不忘仁义；贫贱时，就做贫贱人应做的事，安贫乐道；处于边远地区，就做在边远地区应做的事，入乡随俗；处于患难之中，就做在患难之中应做的事，不改初心。君子无论处于什么情况下都是安然自得的。处于上位，不欺侮在下位的人；处于下位，不攀附在上位的人。端正自己而不苛求他人就不会生怨。上不抱怨天，下不抱怨人。所以，君子安于现状而等候天命，小人铤而走险求取不当所得。孔子说："持弓射箭与君子处世是类似的，箭不中的，是不能怪靶子不正的，只能从自己身上找原因。"

第十五章

【原文】

君子之道，辟①如行远必自迩②，辟如登高必自卑③。诗曰："妻子好合，如鼓瑟琴；兄弟既翕④，和乐且耽⑤；宜尔室家，乐尔妻帑⑥。"子曰："父母其顺矣乎！"

【注释】

①辟：同"譬"。

②迩：近。

③卑：低下。

④翕（xī）：和顺、融洽。

⑤耽：安乐。

⑥帑：子孙。

【译文】

君子的中庸之道，就譬如行千里之路要从近处开始；譬如登万仞之高要从低处起步。诗经有云："妻子儿女感情和睦，就像弹琴鼓瑟一样。兄弟关系融洽，和顺又安乐。使你阖家幸福，使你妻小康乐。"孔子说："父母的期望也就是这样罢了。"

第十六章

【原文】

子曰："鬼神之为德，其盛矣乎！视之而弗见，听之而弗闻，体物而不可遗。使天下之人齐①明②盛服，以承祭祀。洋洋③乎！如在其上，如在其左右。诗曰：'神之格④思，不可度思！矧⑤可射⑥思！'夫微之显，诚⑦之不可掩如此夫。"

【注释】

①齐：通"斋"字，斋戒，指祭祀前整洁身心。

②明：洁净。

③洋洋：流动充满的意思。

④格：来临。

⑤矧（Shěn）：况且。

⑥射（yì）：厌怠不敬。

⑦诚：真实无妄。

【译文】

孔子曰："鬼神的德行是那么的盛大！视之不见听之不闻，却又贯穿物之始终，为万物之体，是物所不能离开的。使得天下的人都斋戒洁净，着盛装来祭祀鬼神。鬼神就如同流动充满在宇宙之间，于万物中都能够体验到，就好像在上下左右全都存在一般。诗经有云：'鬼神的来临，无可揣测，更不能厌怠不敬呢！'这隐微不能见的鬼神是如此显著，真实无妄的东西就是这样的不可掩盖。"

第十七章

【原文】

子曰："舜其大孝也与！德为圣人，尊为天子，富有四海之内。宗庙飨①之，子孙保之。故大德必得其位，必得其禄，必得其名，必得其寿。故天之生物，必因其材而笃②焉。故栽者培之，倾者覆之。诗曰：'嘉乐君子，宪宪③令德！宜民宜人，受禄于天；保佑命之，自天申④之！'故大德者必受命。"

【注释】

①飨（xiǎng）：一种祭祀的形式。

②笃：厚。

③宪宪：显明兴盛的样子。

④申：重。

【译文】

孔子曰："舜是多么孝顺的人啊！他的德行可称圣人，他的地位被尊为天子，他的财富坐拥整个天下。人们到宗庙里祭祀他，他的子孙得以世代保有他的功业。所以有大德的人必定得到他应得的地位，必定得到他应得的财富，必定得到他应得的名声，必定得到他应得的长寿。所以天生万物，都必定根据它们的资质而厚待它们。所以自欲成材的总能得到培育，自暴自弃的必定会被淘汰。诗经有云：'德行美善的君子，有显明美好的德行，让人民安居乐业，享有天赐的福禄；上天就护佑他，重任于他。'所以有大德的人必定得授天命。"

第十八章

【原文】

子曰："无忧者其惟文王乎！以王季为父，以武王为子，父作之，子述之。武王缵①大王②、王季、文王之绪③，壹戎衣④而有天下，身不失天下之显名，尊为天子，富有四海之内，宗庙飨之，子孙保之。武王末⑤受命，周公成文、武之德，追王大王、王季，上祀先公以天子之礼。斯礼也，达乎诸侯大夫，及士庶人。父为大夫，子为士，葬以大夫，祭以士。父为士，子为大夫，葬以士，祭以大夫。期之丧达乎大夫，三年之丧达乎天子，父母之丧无贵贱一也。"

【注释】

①缵：继。

②大王："大"念"泰"（tài），一作太王，是王季的父亲。

③绪：功业。

④壹戎衣：着戎衣以伐纣。

⑤末：老，晚年。

【译文】

孔子曰："真正无忧的人只有文王吧！上有王季作父亲，下有武王作儿子，王季的开创在前，武王的继承在后。周武王继承曾祖父大王、祖父王季、父亲文王的功业，着戎衣以伐纣平定了天下，赢得了生前身后的天下美名，被尊为天子，坐拥四海的财富，享有宗庙的祭祀，功绩泽被子孙。武王于晚年托付天命于周公，周公继承文王、武王的德行，追封曾祖大王、祖父王季的王位，用天子的礼仪来祭祀祖先。这种追祭祖先的礼仪，流传到诸侯大夫、士人百姓那里。如果父亲是大夫，儿子是士，就用大夫的标准来举行葬礼，用士的礼节来祭祀；如果父亲是士，儿子是大夫，就用士的标准来举行葬礼，用大夫的礼节来祭祀。为血亲服丧一年的礼仪，是从百姓到大夫都要遵守的；为父母服丧三年的礼仪，即使是天子也要遵守，也就是说对父母的丧礼是没有贵贱分别的。"

第十九章

【原文】

子曰："武王、周公，其达①孝矣乎！夫孝者，善继人之志，善述人之事者也。春秋修其祖庙，陈其宗器②，设其裳衣③，荐其时食④。宗庙之礼，所以序昭穆也；序爵，所以辨贵贱也；序事，所以辨贤也；旅酬⑤下为上，所以逮贱也；燕毛⑥，所以序齿也。践⑦其位，行其礼，奏其乐，敬其所尊，爱其所亲，事死如事生，事亡如事存，孝之至也。郊社⑧之礼，所以事上帝也；宗庙之礼，所以祀乎其先也。明乎郊社之礼、禘⑨尝之义，治国其如示诸掌乎。"

【注释】

①达：通达。

②宗器：祖先所收藏的重器。

③裳衣：先祖遗下的衣服。

④时食：四时之食，当季的食物。

⑤旅：众；酬：敬酒。

⑥燕毛：鉴别毛发的颜色来区分长幼。

⑦践：履，来到。

⑧郊：祀天；社：祭地。

⑨禘：天子宗庙的大祭。

【译文】

孔子曰："武王、周公的孝行多么通达！孝顺的人，善于继承祖先的志向，善于发扬祖先的事业。每逢春秋祭祀之时修缮祖庙，将祖先流传下的重器排列整齐，将祖先遗留的衣服摆设妥当，供奉当季的四时之食。严格宗庙的礼节，才能区别长幼亲疏辈分大小；以官爵大小为序，区分身份的贵贱；以职务不同为序，区分能力的贤愚；以敬酒排序来区分亲疏贵贱；分辨毛发色泽来区分年纪长幼。参加祭祀的人要来到他应当身处的位置，行应当遵循的礼仪，演奏合适的祭典音乐，尊敬祖先所尊敬的人，爱护祖先所亲爱的亲人，敬事故去的祖先就像他生前一样，这就是孝道的极致。祭祀天地的礼仪，是用来礼敬上帝的；而宗庙的祭祀礼仪，是用来祭祀先祖的。明白祭祀天地与祭祖孝亲的礼仪和意义，那么治理国家就像看自己的手掌一样容易。"

第二十章

　　哀公^①问政。子曰："文武之政，布在方策^②。其人存，则其政举；其人亡，则其政息。人道敏^③政，地道敏树。夫政也者，蒲卢也。故为政在人，取人以身，修身以道，修道以仁。仁者人也，亲亲为大；义者宜也，尊贤为大。亲亲之杀，尊贤之等，礼所生也。在下位不获乎上，民不可得而治矣。故君子不可以不修身；思修身，不可以不事亲；思事亲，不可以不知人；思知人，不可以不知天。"

　　天下之达道五，所以行之者三：曰君臣也，父子也，夫妇也，昆弟也，朋友之交也：五者天下之达道也。知、仁、勇三者，天下之达德也，所以行之者一也。或生而知之，或学而知之，或困而知之，及其知之一也；或安而行之，或利而行之，或勉强而行之，及其成功一也。子曰："好学近乎知，力行近乎仁，知耻近乎勇。知斯三者，则知所以修身；知所以修身，则知所以治人；知所以治人，则知所以治天下国家矣。"

　　凡为天下国家有九经，曰：修身也，尊贤也，亲亲也，敬大臣也，体群臣也，子庶民也，来百工也，柔远人也，怀诸侯也。修身则道立，尊贤则不惑，亲亲则诸父昆弟不怨，敬大臣则不眩，体群臣则士之报礼重，子庶民则百姓劝，来百工则财用足，柔远人则四方归之，怀诸侯则天下畏之。齐明盛服，非礼不动，所以修身也；去谗远色，贱货而贵德，所以劝贤也；尊其位，重其禄，同其好恶，所以劝亲亲也；官盛任使，所以劝大臣也；忠信重禄，所以劝士也；时使薄敛，所以劝百姓也；日省月试，既禀④称事，所以劝百工也；送往迎来，嘉善而矜不能，所以柔远人也；继绝世，举废国，治乱持危，朝聘⑤以时，厚往而薄来，所以怀诸侯也。凡为天下国家有九经，所以行之者一也。

凡事豫则立，不豫则废。言前定则不跲⑥，事前定则不困，行前定则不疚⑦，道前定则不穷。在下位不获乎上，民不可得而治矣。获乎上有道：不信乎朋友，不获乎上矣。信乎朋友有道：不顺乎亲，不信乎朋友矣。顺乎亲有道：反者身不诚，不顺乎亲矣。诚身有道：不明乎善，不诚乎身矣。

诚者，天之道也；诚之者，人之道也。诚者不勉而中，不思而得，从容中道，圣人也。诚之者，择善而固执之者也。博学之，审问之，慎思之，明辨之，笃行之。有弗学，学之弗能弗措也；有弗问，问之弗知弗措也；有弗思，思之弗得弗措也；有弗辨，辨之弗明弗措也；有弗行，行之弗笃弗措也。人一能之己百之，人十能之己千之。果能此道矣，虽愚必明，虽柔必强。

【注释】

①哀公：鲁国君，名蒋。

②方策：方是版，策是简，表明记录在书简之上的意思。

③敏：加速。

④既禀：稍食。

⑤朝聘：朝，指诸侯见于天子；聘，指诸侯使大夫来献。

⑥跲：绊倒。

⑦疚：病。

【译文】

鲁哀公向孔子询问强国之政事。孔子曰："周文王、周武王治理天下的政治方法，都记载在书简典籍上。有文王武王这样的圣人在世，这些治政才得以实施，他们去世后这些治政也就废弛了。贤明之人治政，政事就能很快得以走上轨道；肥沃土地种树，树木就能够很快得以长成。治政就如同芦苇一样，生长要取决于所处的环境。所以治国理政取决于施政者，施政者为政在于求取人才，而取人之道在于修身以德之人，所谓修身以德就要看是否能践行仁义道德。仁就是爱人，亲爱亲族是最大的仁，义就是事情做得恰到好处，尊重贤人是最大的义。亲爱亲族要分亲疏远近，尊重贤人要分高下先后，这都是由礼来规制的。所以作为在下位的臣子如果不能以仁德取信于在上位的君主，就无法施政以治理好民众。所以君子要治政是一定要从修养自身开始；要修养自身，就不能不侍奉亲族；要侍奉亲族，就不能不了解人情世故；要了解人情世故，就不能不知道天理人欲。"

天下人共遵的人伦大道有五条，用以遵循五伦的德行有三种：五伦分为君臣、父子、夫妇、兄弟和朋友，这五伦关系是天下人所共遵的；而智、仁、勇，则是三种用来处理五伦关系的德行，也是受天下人所共同认可的，且只有三德并行如一才是真正有德行的人，才能处置好五伦大道。生来就知道如何去做这叫知，通过学习知道如何做是对的叫作仁，受困才知道如何克服万难去做的叫作勇，三者殊途同归都能达到三德并行的至诚境界。不论是自然而然的行道，或为了获利才行道，又或者努力克服万难才得行道，归根结底都是行道了。孔子曰："虽不能生而知之，只要好学就足以破除愚妄，近似于智了；虽不能敏锐地查知如何做才是真正有利天下的，但只要身体力行的努力去做好事，就足以忘却私欲，近似于仁了；虽不能在受困之时迎难而上地坚持行道，但只要感受到了这种耻辱，就足以帮助人克服怯懦的心理，近似于勇了。知道了智、仁、勇，就知道怎样修养自身；而知道怎样修养自身，就知道怎样管理他人；知道怎样管理他人，就知道怎样治理天下和国家了。"

君主要治理天下和国家有九条通行的原则。那就是：修养自身，尊崇贤人，亲爱亲族，敬重大臣，体恤群臣，爱民如子，接纳工匠，怀柔外交，善待诸侯。修养自身以德行就能使天下人行道；尊崇贤人就能查知政令的得失；亲爱亲族就能使家族和睦避免叔伯兄弟等亲族心生怨恨；敬重大臣就能得到辅助不会遇事无措；体恤群臣、知人善任，士人们才会竭力报效、尽忠职守；爱民如子，百姓们才会拥护政权统治；接纳专业工匠，财货才会富足；怀柔外交，四方属国才会心悦诚服；善待诸侯，各地方政权才会畏威怀德。齐整洁净庄重的服装，一举一动都依照礼仪的规制，这是修养自身的方法；疏远小人和女色，鄙弃财物而重视德行，这是尊崇贤人的方法；提高亲族的地位与俸禄，与他们爱憎相一致，这是亲爱亲族的方法；下放更多的权力与人事予大臣，这是敬重大臣的方法；给予足够的信任和报酬，这是体恤士人的方法；不误农时少收赋税，这是爱护百姓的方法；勤关注多考核，却又按劳给酬绝不歧视，这是接纳工匠的方法；来时欢迎去时欢送，嘉奖亲善之事，救济灾祸之事，这是怀柔外交的方法；帮助少嗣的家族延续血脉，复兴濒临灭亡的诸侯国，为他们治理祸乱度过危难，定时接受朝贡，回赠丰厚的礼物，这是善待诸侯的方法。总而言之，虽然治理天下和国家有九条原则，但实行这些原则的道理都不过是一个诚字。

任何事情，预先就确定了初心是出自诚的，就会成功，否则就会失败。说话出自诚心，就不会磕绊；做事出自诚心，就不会受挫不前；行为出自诚心，就不会后悔内疚；行道出自诚心，就不会走入穷途。在下位的臣子，如果得不到在上位的君主的信任，就不可能治理好国家百姓。要得到君主的信任是有规律的：得不到朋友信任的人是不可能得到君主信任的；要得到朋友的信任是有规律的：不孝顺父母亲人的人是得不到朋友信任的；要孝顺父母亲人也是有规律的：要反问自己是否是出于诚心，不真诚地对待父母亲人不是真正的孝顺；而要验证自己的诚心也是有规律的：不明白什么是善，什么是人心天命的本然属性，不明白至善之所在的人是无法体会诚心的。

所谓诚，是上天对待万物的原则；而人要学习上天对万物的原则，对人包容、平衡，没有私心，这就是做人的规则。有诚心的人，行事不用克服万难就恰到好处，学问不用苦思冥想就心有所悟，自然而然地就契合中庸之道、上天之德，这样的人就是圣人。而人要学习圣人的诚心，就是要学知下面这些事并且要身体力行地去持守它们：学习广博，好问自省，思虑周详，辨析明确，身体力行。要么不学，一旦学了没有学会绝不罢休；要么不问，一旦问了就要将答案弄个清楚明白；要么不思考，一旦开始思考就要有所得有所悟；要么不辨析，一旦开始辨析就要将道理分个明明白白；要么不行动，一旦开始行动没有成效就绝不罢休。君子之道就是不做则已，做就一定要做成，即使花费百分力去做别人一分力就能做成的事，即使花费千分的力去做别人十分力就能做到的事。如果真能奉行此道，即使愚笨也一定可以变得聪明起来，即使柔弱也一定可以变得刚强起来。

第二十一章

【原文】

自①诚明②，谓之性；自明诚，谓之教。诚则③明矣，明则诚矣。

【注释】

①自：从，由。

②明：明白。

③则：即，就。

【译文】

由真诚而自然明白道理，这叫作天性；由明白道理后做到真诚，这叫做人为的教育。真诚也就会自然明白道理，明白道理后也就会做到真诚。

第二十二章

【原文】

唯天下至诚，为能尽其性①；能尽其性，则能尽人之性；能尽人之性，则能尽物之性；能尽物之性，则可以赞天地之化育②；可以赞天地之化育，则可以与天地参矣③。

【注释】

①尽其性：充分发挥本性。

②赞：赞助。化育：化生和养育。

③参天地：与天地并列为三。参，并列。

【译文】

只有天下极端真诚的人能充分发挥他的本性；能充分发挥他的本性，就能充分发挥众人的本性；能充分发挥众人的本性，就能充分发挥万物的本性；能充分发挥万物的本性，就可以帮助天地培育生命；能帮助大地培育生命，就可以与天地并列为三了。

第二十三章

【原文】

其次致曲^①，曲能有诚。诚则形^②，形则著^③，著则明^④，明则动，动则变，变则化^⑤。唯天下至诚为能化。

【注释】

①其次：次一等的人，即次于"自诚明"的圣人的人，也就是贤人。致曲：致力于某一方面。曲，偏。

②形：显露，表现。

③著：显著。

④明：光明。

⑤化：即化育。

【译文】

比圣人次一等的贤人致力于某一方面，致力于某一方面也能做到真诚。做到了真诚就会表现出来，表现出来就会逐渐显著，显著了就会发扬光大，发扬光大就会感动他人，感动他人就会引起转变，引起转变就能化育万物。只有天下最真诚的人能化育万物。

第二十四章

至诚之道，可以前知①。国家将兴，必有帧祥②；国家将亡，必有妖孽③。见乎起蓍龟④，动乎四体⑤。祸福将至：善，必先知之；不善，必先知之。故至诚如神⑥。

【注释】

①前知：预知未来。

②祯祥：吉祥的预兆。

③妖孽：物类反常的现象。草木之类称妖，虫豸之类称孽。

④见（xiàn）：呈现。

⑤蓍（shī）龟：蓍草和龟甲，用来占卜。四体，手足，指动作仪态。

⑥如神：如神一样微妙，不可言说。

【译文】

极端真诚可以预知未来的事。国家将要兴旺，必然有吉祥的征兆；国家将要衰亡，必然有不祥的反常现象。呈现在蓍草龟甲上，表现在手脚动作上。祸福将要来临时，是福可以预先知道，是祸也可以预先知道。所以极端真诚就像神灵一样微妙。

第二十五章

【原文】

诚者，自成也①；而道，自道也②。诚者，物之终始，不诚无物。是故君子诚之为贵。诚者，非自成己而已也，所以成物也。成己，仁也；成物，知也。性之德也，合外内之道也，故时措之宜也。

【注释】

①自成：自我成全，也就是自我完善的意思。

②自道：自我引导。

【译文】

真诚是自我的完善，道是自我的引导。真诚是事物的发端和归宿，没有真诚就没有了事物。因此君子以真诚为贵。不过，真诚并不是自我完善就够了，而是还要完善事物。自我完善是仁，完善事物是智。仁和智是出于本性的德行，是融合自身与外物的准则，所以任何时候施行都是适宜的。

第二十六章

【原文】

故至诚无息①，不息则久，久则征②，征则悠远，悠远则博厚，博厚则高明。博厚，所以载物也；高明，所以覆物也；悠久，所以成物也。博厚配地，高明配天，悠久无疆③。如此者，不见而章④，不动而变，无为而成。

天地之道，可一言而尽也⑤：其为物不贰⑥，则其生物不测。天地之道，博也，厚也，高也，明也，悠也，久也。今夫天，斯昭昭之多⑦，及其无穷也，日月星辰系焉，万物覆焉。今夫地，一撮土之多，及其广厚，载华岳⑧而不重，振⑨河海而不泄，万物载焉。

今夫山，一卷石⑩之多，及其广大，草木生之，禽兽居之，宝藏兴焉。今夫水，一勺之多，及其不测⑪，鼋、鼍、蛟、龙、鱼、鳖生焉，货财殖焉。

《诗》云⑫："维天之命，於穆不已！"盖曰天之所以为天也。"於乎不显，文王之德之纯！"盖曰文王之所以为文也，纯亦不已。

【注释】

①息：止息，休止。

②征：征验，显露于外。

③无疆：无穷无尽。

④见（xiàn）：显现。章：即彰，彰明。

⑤一言：即一字，指"诚"字。

⑥不贰：诚是忠诚如一，所以不贰。

⑦斯：此。昭昭：光明。

⑧华岳：即华山。

⑨振：通"整"，整治，引申为约束。

⑩一卷（quán）石：一拳头大的石头。卷：通"拳"。

⑪不测：不可测度，指浩瀚无涯。

⑫《诗》云：以下两句诗均引自《诗经·周颂·维天之命》。维，语气词。於（wū）语气词。穆，深远。不已，无穷。不显，"不"通"丕"，即大；显，即明显。

【译文】

所以，极端真诚是没有止息的。没有止息就会保持长久，保持长久就会显露出来，显露出来就会悠远，悠远就会广博深厚，广博深厚就会高大光明。广博深厚的作用是承载万物；高大光明的作用是覆盖万物；悠远长久的作用是生成万物。广博深厚可以与地相比，高大光明可以与天相比，悠远长久则是永无止境。达到这样的境界，不显示也会明显，不活动也会改变，无所作为也会有所成就。

天地的法则，简直可以用一个"诚"字来囊括：诚本身专一不二，所以生育万物多得不可估量。大地的法则，就是广博、深厚、高大、光明、悠远、长久。今天我们所说的大，原本不过是由一点一点的光明聚积起来的，可等到它无边无际时，日月星辰都靠它维系，世界万物都靠它覆盖。今天我们所说的地，原本不过是由一撮土一撮土聚积起来的，可等到它广博深厚时，承载像华山那样的崇山峻岭也不觉得重，容纳那众多的江河湖海也不会泄漏，世间万物都由它承载了。今天我们所说的山，原本不过是由拳头大的石块聚积起来的，可等到它高大无比时，草木在上面生长，禽兽在上面居住，宝藏在上面储藏。今天我们所说的水，原本不过是一勺一勺聚积起来的，可等到它浩瀚无涯时，蛟龙鱼鳖等都在里面生长，珍珠珊瑚等值价的东西都在里面繁殖。

　　《诗经》说，"天命多么深远啊，永远无穷无尽！"这大概就是说的天之所以为天的原因吧。"多么显赫光明啊，文王的品德纯真无二！"这大概就是说的文王之所以被称为"文"王的原因吧。纯真也是没有止息的。

第二十七章

【原文】

大哉圣人之道！洋洋乎①！发育万物，峻极于天。优优②大哉！礼仪③三百，威仪④三千。待其人⑤而后行。故曰苟不至德⑥，至道不凝焉⑦。故君子尊德性而道问学⑧，致广大而尽精微，极高明而道中庸。温故而知新，敦厚以崇礼。是故居上不骄，为下不倍⑨。国有道其言足以兴，国无道其默足以容⑩。《诗》曰："既明且哲，以保其身。"⑪其此之谓与？

【注释】

①洋洋：盛大，浩瀚无边。

②优优：充足有余。

③礼仪：古代礼节的主要规则，又称经礼。

④威仪：古代典礼中的动作规范及待人接物的礼节，又称曲礼。

⑤其人：指圣人。

⑥苟不至德：如果没有极高的德行。苟，如果。

⑦凝聚，引申为成功。

⑧问学：询问，学习。

⑨倍：通"背"，背弃，背叛。

⑩容：容身，指保全自己。

⑪"既明且哲，以保其身"：引自《诗经·大雅·烝民》，哲，智慧，指通达事理。

【译文】

伟大啊，圣人的道！浩瀚无边，生养万物，与天一样崇高；充足有余，礼仪三百条，威仪三千条。这些都有待于圣人来实行。所以说，如果没有极高的德行，就不能成功极高的道。因此，君子尊崇道德修养而追求知识学问；达到广博境界而又钻研精微之处；洞察一切而又奉行中庸之道；温习已有的知识从而获得新知识；诚心诚意地崇奉礼节。所以身居高位不骄傲，身居低位不自弃，国家政治清明时，他的言论足以振兴国家；国家政治黑暗时，他的沉默足以保全自己。《诗经》说："既明智又通达事理，可以保全自身。"大概就是说的这个意思吧？

第二十八章

【原文】

子曰："愚而好自用①，贱而好自专②，生乎今之世反③古之道。如此者，灾及其身者也。"

非天子，不议礼，不制度④，不考文⑤。今天下车同轨，书同文，行同伦⑥。虽有其位，苟无其德，不敢做礼乐焉，虽有其德，苟无其位，亦不敢作礼乐焉。

子曰："吾说夏礼⑦，杞不足征也⑧，吾学殷礼⑨，有宋存焉⑩；吾学周礼⑪，今用之，吾从周。"

【注释】

①自用：凭自己主观意图行事，自以为是，不听别人意见，即刚愎自用的意思。

②自专：独断专行。

③反：通"返"，回复的意思。

④制度：在这里作动词用，指制订法度。

⑤考文，考订文字规范。

⑥车同轨，书同文，行同伦：车同轨指车子的轮距一致；书同文指字体统一；行同伦指伦理道德相同。这种情况是秦始皇统一六国后

才出现的，据此知道《中庸》有些章节的确是秦代儒者所增加的。夏礼，夏朝的礼制。夏朝，约公元前 2205 年—前 1776 年，传说是禹建立的。

⑦杞：国名，传说是周武王封夏禹的后代于此，故城在个河南杞县。

⑧征，验证。

⑨殷礼：殷朝的礼制。商朝从盘庚迁都至殷（今河南安阳）到纣亡国，一般称为殷代，整个商朝也称商殷或殷商。

⑩宋：国名，商汤的后代居此，故城在今河南商丘县南。

⑪周礼：周朝的礼制。以上这段孔子的话也散见于《论语·八佾》《论语·为政》。

【译文】

孔子说："愚昧却喜欢自以为是，卑贱却喜欢独断专行。生于现在的时代却一心想回复到古时去。这样做，灾祸一定会降临到自己的身上。"

不是天子就不要议订礼仪，不要制订法度，不要考订文字规范。现在天下车子的轮距一致，文字的字体统一，伦理道德相同。虽有相应的地位，如果没有相应的德行，是不敢制作礼乐制度的；虽然有相应的德行，如果没有相应的地位，也是不敢制作礼乐制度的。

孔子说："我谈论夏朝的礼制，夏的后裔杞国已不足以验证它；我学习殷朝的礼制，殷的后裔宋国还残存着它；我学习周朝的礼制，现在还实行着它，所以我遵从周礼。"

第二十九章

王天下有三重焉①其寡过矣乎！上焉者②，虽善无征，无征不信，不信民弗从。下焉者③，虽善不尊，不尊不信，不信民弗从。

故君子之道，本诸身，征诸庶民，考诸三王而不缪④，建诸天地而不悖⑤，质诸鬼神而无疑⑥，百世以俟圣人而不惑⑦，质诸鬼神而无疑，知天也；百世以俟圣人而不惑，知人也。是故君子动而世为天下道⑧，行而世为天下法，言而世为天下则。远之则有望⑨，近之则不厌。

《诗》曰："在彼无恶，在此无射。庶几夙夜，以永终誉⑩。"君子未有不如此而蚤⑪有誉于天下者也。

【注释】

①王天下有三重焉：王（Wàng），作动词用，王天下即在天下做王的意思，也就是统治天下。三重，指上一章所说的三件重要的事：仪礼、制度、考文。

②上焉者：指在上位的人，即君王。

③下焉者：指在下位的人，即臣下。

④三王：指夏、商、周三代君王。

⑤建，立。

⑥质：质询，询问。

⑦俟：待。

⑧道：通"导"，先导。

⑨望：威望。

⑩"《诗》曰"句：引自《诗经·周颂·振鹭》。射（yì），《诗经》本作"斁"，厌弃的意思。庶几，几乎。夙夜：早晚，夙，早。

⑪蚤：即"早"。

【译文】

治理天下能够做好议订礼仪，制订法度，考订文字规范这三件重要的事，也就没有什么大的过失了吧！在上位的人，虽然行为很好，但如果没有验证的活，就不能使人信服，不能使人信服，老百姓就不会听从。在下位的人，虽然行为很好，但由于没有尊贵的地位，也不能使人信服，不能使人信服，老百姓就不会听从。

所以君子治理天下应该以自身的德行为根本，并从老百姓那里得到验证。考查夏、商、周三代先王的做法而没有悖谬，立于天地之间而没有悖乱，质询于鬼神而没有疑问，百世以后待到圣人出现也没有什么不理解的地方。质询于鬼神而没有疑问，这是知道天理；百世以后待到圣人出现也没有什么不理解的地方，这是知道人意。所以君王的举止能世世代代成为天下的先导，行为能世世代代成为天下的法度，语言能世世代代成为天下准则。在远处有威望，在近处也不使人厌恶。

《诗经》说，"在那里没有人憎恶，在这里没有人厌烦，日日夜夜操劳啊，为了保持美好的名望。"君王没有不这样做而能够早早在天下获得名望的。

第三十章

仲尼祖述^①尧、舜，宪章^②文、武，上律天时，下袭^③水土。辟如天地之无不持载，无不覆帱^④，辟如四时之错行^⑤，如日月之代明^⑥。万物并育而不相害，道并行而不相悖。小德川流，大德敦化^⑦。此天地之所以为大也！

【注释】

①祖述：效法、遵循前人的行为或学说。

②宪章：遵从，效法。

③袭：与上文的"律"近义，都是符合的意思。

④覆帱（dào）：覆盖。

⑤错行：交错运行，流动不息。

⑥代明：交替光明，循环变化。

⑦敦化：使万物敦厚纯朴。

【译文】

孔子继承尧舜，以文王、武王为典范，上遵循天时，下符合地理。就像天地那样没有什么不承载，没有什么不覆盖。又好像四季的交错

运行，日月的交替光明。万物一起生长而互不妨害，道路同时并行而
互不冲突。小的德行如河水一样长流不息，大的德行使万物敦厚纯朴。
这就是天地的伟大之处啊！

第三十一章

【原文】

　　唯天下之圣，为能聪明睿知①，足以有临也；宽裕温柔，足以有容也；发强②刚毅，足以有执也；齐庄中正，足以有敬也；文理密察，足以有别也。溥博渊泉③，而时出之。溥博如天，渊泉如渊。见而民莫不敬，言而民莫不信，行而民莫不说。是以声名洋溢乎中国④，施及蛮貊，舟车所至，人力所通，天之所覆，地之所载，日月所照，霜露所队⑤，凡有血气者，莫不尊亲，故日配天。

【注释】

　　①知：通"智"，聪明智慧。

　　②发强：奋发图强。

　　③溥博渊泉：溥，浩瀚广大的样子，形容知识以及德行如广阔的江河。

　　④中国：国中，在国家之中。

　　⑤霜露所队：队通"坠"，霜露降落的地方

【译文】

　　只有天下崇高的圣人，才能做到聪明智慧，能够居上位而临下民；宽宏大量，温和柔顺，能够包容天下；奋发勇健，刚强坚毅，能够决断天下大事；威严庄重，忠诚正直，能够博得人们的尊敬；条理清晰，详辨明察，能够辨别是非邪正。崇高的圣人，美德广博而又深厚，并且时常会展现出来。德性广博如天，德性深厚如渊。美德表现在仪容上，百姓没有谁不敬佩，表现在言谈中，百姓没有谁不信服。表现在行动上，百姓没有谁不喜悦。这样，美好的名声广在国家之中传播开来，并且传播到边远的少数民族地区。凡是车船行驶的地方，人力通行的地方，苍天覆盖的地方，大地承载的地方，日月照耀的地方，霜露降落的地方；凡有血气的生物，没有不尊重和不亲近他们的，所以说圣人的美德能与天相匹配。

第三十二章

【原文】

唯天下至诚，为能经纶天下之大经，立天下之大本，知天地之化育。夫焉有所倚？肫肫①其仁，渊渊其渊，浩浩其天。苟不固聪明圣知达天德者，其孰能知之？

【注释】

①肫肫（zhūn）：诚挚的样子

【译文】

只有天下地道的真诚，才能成为治理天下的崇高典范，才能树立天下的根本法则，掌握天地化育万物的深刻道理，这需要什么依靠呢！他的仁心那样诚挚，他的思虑像潭水那样幽深，他的美德像苍天那样广阔。如果不真是聪明智慧，通达天赋美德的人，还有谁，能知道天下地地道道的真诚呢？

第三十三章

【原文】

《诗》曰:"衣锦尚䌹①。"恶其文之著也。故君子之道,暗然②而日章;小人之道,的然③而日亡。君子之道,淡而不厌,简而文,温而理,知远之近,知风之自,知微之显,可与入德矣。

《诗》云:"潜虽伏矣,亦孔之昭④!"故君子内省不疚,无恶于志。君于之所不可及者,其唯人之所不见乎?

《诗》云,"相在尔室,尚不愧于屋漏⑤。"故君子不动而敬,不言而信。

《诗》曰:"奏假无言,时靡有争⑥。"是故君子不赏而民劝,不怒而民威于鈇钺⑦。

《诗》曰:"不显惟德,百辟其刑之⑧。"是故君于笃恭而天下平。

《诗》云:"予怀明德,不大声以色⑨。"子曰,"声色之于以化民,末也。"

《诗》曰:"德辅如毛⑩。"毛犹有伦⑪,"上天之载,无声无臭⑫"。至矣!

【注释】

①衣锦尚䌹:引自《诗经·卫风,硕人》。衣(yi),此处作动词用,

指穿衣。锦，指色彩鲜艳的衣服。尚，加。䌹（jiǒng），同"褧"，用麻布制的罩衣。

②暗然：隐藏不露。

③的（dí）然，鲜明，显著。潜虽伏矣，亦孔之昭：引自《诗经·小雅·正月》。孔，很。

④昭，《诗经》原作"沼"，意为明显。

⑤相在尔室，尚不愧于屋漏：引自《诗经·大雅·抑》。相，注视。屋漏，指古代室内西北角设小帐的地方。相传是神明所在，所以这里是以屋漏代指神明。不愧屋漏喻指心地光明，不在暗中做坏事，起坏念头。

⑥奏假无言，时靡有争：引自。《诗经·商颂·烈祖》。奏，进奉，假（gě），通"格"，即感通，指诚心能与鬼神或外物互相感应。靡（mǐ），没有，

⑦鈇（fū）钺（yuè）：古代执行军法时用的斧子。

⑧不显惟德，百辟其刑之：引自《诗经·周颂·烈文》。不显，"不"通"丕"，不显即大显。辟（bì），诸侯。刑，通"型"，示范，效法。

⑨予怀明德，不大声以色：引自《诗经·大雅·皇矣》。声，号令。色，容貌。以，与。

⑩德辑如毛：引自《诗经·大雅·杰民)。辑（yóu），古代一种轻便车，引申为轻，

⑪伦：比。

⑫上天之载，无声无臭：引自《诗经·大雅·文王》。臭（xiù），气味。

【译文】

《诗经》说："身穿锦绣衣服，外面罩件套衫。"这是为了避免锦衣花纹太显露，所以，君子的道深藏不露而日益彰明；个人的道显露无

遗而日益消亡。君子的道，平淡而有意味，简略而有文采，温和而有条理，由近知远，由风知源，由微知显，这样，就可以进入道德的境界了。

《诗经》说："潜藏虽然很深，但也会很明显的。"所以君子自我反省没有愧疚，没有恶念头存于心志之中。君子的德行之所以高于一般人，大概就是在这些不被人看见的地方吧？

《诗经》说："看你独自在室内的时候，是不是能无愧于神明。"所以，君子就是在没做什么事的时候也是恭敬的，就是在没有对人说什么的时候也是信实的。

《诗经》说："进奉诚心，感通神灵。肃穆无言，没有争执。"所以，君子不用赏赐，老百姓也会互相劝勉；不用发怒，老百姓也会很畏惧。

《诗经》说："弘扬那德行啊，诸侯们都来效法。"所以，君子笃实恭敬就能使天下太平。

《诗经》说："我怀有光明的品德，不用厉声厉色。"孔子说："用厉声厉色去教育老百姓，是最拙劣的行为。"

《诗经》说："德行轻如毫毛。"轻如毫毛还是有物可比拟。"上天所承载的，既没有声音也没有气味。"这才是最高的境界啊！

二、中庸章句

（南宋）朱熹

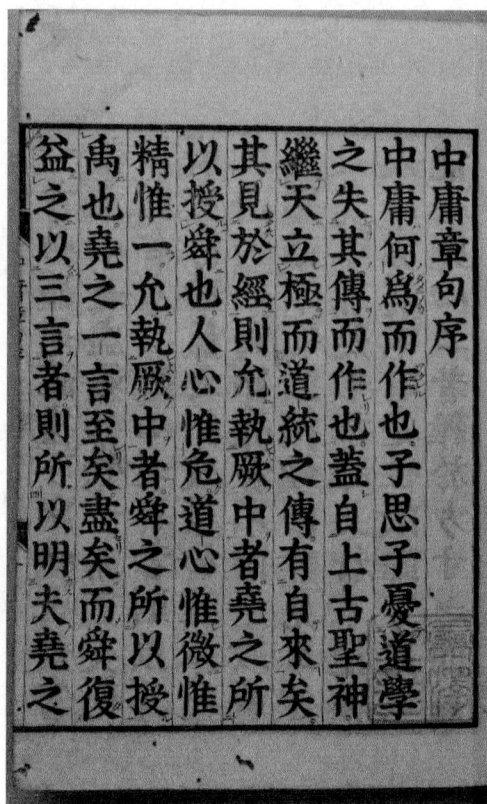

图 11：中庸章句序（书影）

中庸章句序

中庸何为而作也？子思子忧道学之失其传而作也。盖自上古圣神继天立极，而道统之传有自来矣。其见于经，则"允执厥中"者，尧之所以授舜也；"人心惟危，道心惟微，惟精惟一，允执厥中"者，舜之所以授禹也。尧之一言，至矣，尽矣！而舜复益之以三言者，则所以明夫尧之一言，必如是而后可庶几也。

盖尝论之：心之虚灵知觉，一而已矣，而以为有人心、道心之异者，则以其或生于形气之私，或原于性命之正，而所以为知觉者不同，是以或危殆而不安，或微妙而难见耳。然人莫不有是形，故虽上智不能无人心，亦莫不有是性，故虽下愚不能无道心。二者杂于方寸之间，而不知所以治之，则危者愈危，微者愈微，而天理之公卒无以胜夫人欲之私矣。精则察夫二者之间而不杂也，一则守其本心之正而不离也。从事于斯，无少间断，必使道心常为一身之主，而人心每听命焉，则危者安、微者著，而动静云为自无过不及之差矣。

夫尧、舜、禹，天下之大圣也。以天下相传，天下之大事也。以天下之大圣，行天下之大事，而其授受之际，丁宁告戒，不过如此。则天下之理，岂有以加于此哉？自是以来，圣圣相承：若成汤、文、武之为君，皋陶、伊、傅、周、召之为臣，既皆以此而接夫道统之传，若吾夫子，则虽不得其位，而所以继往圣、开来学，其功反有贤于尧舜者。然当是时，见而知之者，惟颜氏、曾氏之传得其宗。及曾氏之再传，而复得夫子之孙子思，则去圣远而异端起矣。子思惧夫愈久而愈失其真也，于是推本尧舜以来相传之意，质以平日所闻父师之言，更互演绎，作为此书，以诏后之学者。盖其忧之也深，故其言之也切；其虑之也远，故其说之也详。其曰"天命率性"，则道心之谓也；其曰

"择善固执"，则精一之谓也；其曰"君子时中"，则执中之谓也。世之相后，千有余年，而其言之不异，如合符节。历选前圣之书，所以提挈纲维、开示蕴奥，未有若是之明且尽者也。自是而又再传以得孟氏，为能推明是书，以承先圣之统，及其没而遂失其传焉。则吾道之所寄不越乎言语文字之间，而异端之说日新月盛，以至于老佛之徒出，则弥近理而大乱真矣。然而尚幸此书之不泯，故程夫子兄弟者出，得有所考，以续夫千载不传之绪；得有所据，以斥夫二家似是之非。盖子思之功于是为大，而微程夫子，则亦莫能因其语而得其心也。惜乎！其所以为说者不传，而凡石氏之所辑录，仅出于其门人之所记，是以大义虽明，而微言未析。至其门人所自为说，则虽颇详尽而多所发明，然倍其师说而淫于老佛者，亦有之矣。

熹自蚤岁即尝受读而窃疑之，沉潜反复，盖亦有年，一旦恍然似有以得其要领者，然后乃敢会众说而折其中，既为定著章句一篇，以俟后之君子。而一二同志复取石氏书，删其繁乱，名以辑略，且记所尝论辩取舍之意，别为或问，以附其后。然后此书之旨，支分节解、脉络贯通、详略相因、巨细毕举，而凡诸说之同异得失，亦得以曲畅旁通，而各极其趣。虽于道统之传，不敢妄议，然初学之士，或有取焉，则亦庶乎行远升高之一助云尔。

淳熙己酉春三月戊申，新安朱熹序。

中庸章句

中者，不偏不倚、无过不及之名。庸，平常也。

子程子曰："不偏之谓中，不易之谓庸。中者，天下之正道，庸者，天下之定理。"此篇乃孔门传授心法，子思恐其久而差也，故笔之于书，以授孟子。其书始言一理，中散为万事，末复合为一理，"放之则弥六合，卷之则退藏于密"，其味无穷，皆实学也。善读者玩索而有得焉，则终身用之，有不能尽者矣。

图12：朱熹像

　　天命之谓性，率性之谓道，修道之谓教。命，犹令也。性，即理也。天以阴阳五行化生万物，气以成形，而理亦赋焉，犹命令也。于是人物之生，因各得其所赋之理，以为健顺五常之德，所谓性也。率，循也。道，犹路也。人物各循其性之自然，则其日用事物之间，莫不各有当行之路，是则所谓道也。修，品节之也。性道虽同，而气禀或异，故不能无过不及之差，圣人因人物之所当行者而品节之，以为法于天下，则谓之教，若礼、乐、刑、政之属是也。盖人之所以为人，道之所以为道，圣人之所以为教，原其所自，无一不本于天而备于我。学者知之，则其于学知所用力而自不能已矣。故子思于此首发明之，读者所宜深体而默识也。**道也者，不可须臾离也，可离非道也。是故君子戒慎乎其所不睹，恐惧乎其所不闻。**离，去声。〇道者，日用事物当行之理，皆性之德而具于心，无物不有，无时不然，所以不可须臾离也。若其可离，则为外物而非道矣。是以君子之心常存敬畏，虽不见闻，亦不敢忽，所以存天理之本然，而不使离于须臾之顷也。**莫**

见乎隐，莫显乎微，故君子慎其独也。 见，音现。隐，暗处也。微，细事也。独者，人所不知而己所独知之地也。言幽暗之中，细微之事，迹虽未形而几则已动，人虽不知而己独知之，则是天下之事无有着见明显而过于此者。是以君子既常戒惧，而于此尤加谨焉，所以遏人欲于将萌，而不使其滋长于隐微之中，以至离道之远也。**喜怒哀乐之未发，谓之中；发而皆中节，谓之和。中也者，天下之大本也；和也者，天下之达道也。** 乐，音洛。中节之中，去声。喜、怒、哀、乐，情也。其未发，则性也，无所偏倚，故谓之中。发皆中节，情之正也，无所乖戾，故谓之和。大本者，天命之性，天下之理皆由此出，道之体也。达道者，循性之谓，天下古今之所共由，道之用也。此言性情之德，以明道不可离之意。**致中和，天地位焉，万物育焉。** 致，推而极之也。位者，安其所也。育者，遂其生也。自戒惧而约之，以至于至静之中，无少偏倚，而其守不失，则极其中而天地位矣。自谨独而精之，以至于应物之处，无少差谬，而无适不然，则极其和而万物育矣。盖天地万物本吾一体，吾之心正，则天地之心亦正矣，吾之气顺，则天地之气亦顺矣。故其效验至于如此。此学问之极功、圣人之能事，初非有待于外，而修道之教亦在其中矣。是其一体一用虽有动静之殊，然必其体立而后用有以行，则其实亦非有两事也。故于此合而言之，以结上文之意。

图 13：朱熹书法

右第一章。子思述所传之意以立言：首明道之本原出于天而不可易，其实体备于己而不可离，次言存养省察之要，终言圣神功化之极。盖欲学者于此反求诸身而自得之，以去夫外诱之私，而充其本然之善，杨氏所谓一篇之体要是也。其下十章，盖子思引夫子之言，以终此章之义。

仲尼曰："君子中庸，小人反中庸。中庸者，不偏不倚、无过不及，而平常之理，乃天命所当然，精微之极致也。惟君子为能体之，小人反是。**君子之中庸也，君子而时中；小人之中庸也，小人而无忌惮也。"**王肃本作"小人之反中庸也"，程子亦以为然。今从之。君子之所以为中庸者，以其有君子之德，而又能随时以处中也。小人之所以反中庸者，以其有小人之心，而又无所忌惮也。盖中无定体，随时而在，是乃平常之理也。君子知其在我，故能戒谨不睹、恐惧不闻，而无时不中。小人不知有此，则肆欲妄行，而无所忌惮矣。

右第二章。此下十章，皆论中庸以释首章之义。文虽不属，而意实相承也。变和言庸者，游氏曰："以性情言之，则曰中和，以德行言之，则曰中庸"是也。然中庸之中，实兼中和之义。

子曰："中庸其至矣乎！民鲜能久矣！"鲜，上声。下同。过则失中，不及则未至，故惟中庸之德为至。然亦人所同得，初无难事，但世教衰，民不兴行，故鲜能之，今已久矣。论语无能字。

右第三章。

子曰："道之不行也，我知之矣，知者过之，愚者不及也；道之不明也，我知之矣，贤者过之，不肖者不及也。知者之知，去声。道者，天理之当然，中而已矣。知愚贤不肖之过不及，则生禀之异而失其中也。知者知之过，既以道为不足行；愚者不及知，又不知所以行，此道之所以常不行也。贤者行之过，既以道为不足知；不肖者不及行，又不求所以知，此道之所以常不明也。人莫不饮食也，鲜能知味也。"道不可离，人自不察，是以有过不及之弊。

右第四章。

图 14：文公先生像

子曰："道其不行矣夫！" 夫，音扶。由不明，故不行。

右第五章。此章承上章而举其不行之端，以起下章之意。

子曰："舜其大知也与！舜好问而好察迩言，隐恶而扬善，执其两端，用其中于民，其斯以为舜乎！" 知，去声。与，平声。好，去声。舜之所以为大知者，以其不自用而取诸人也。迩言者，浅近之言，犹必察焉，其无遗善可知。然于其言之未善者则隐而不宣，其善者则播而不匿，其广大光明又如此，则人孰不乐告以善哉。两端，谓众论不同之极致。盖凡物皆有两端，如小大厚薄之类，于善之中又执其两端，而量度以取中，然后用之，则其择之审而行之至矣。然非在我之权度精切不差，何以与此。此知之所以无过不及，而道之所以行也。

右第六章。

子曰："人皆曰予知，驱而纳诸罟擭陷阱之中，而莫之知辟也。人皆曰予知，择乎中庸而不能期月守也。"予知之知，去声。罟，音古。擭，胡化反。阱，才性反。辟，避同。期，居之反。罟，网也；擭，机槛也；陷阱，坑坎也；皆所以掩取禽兽者也。择乎中庸，辨别众理，以求所谓中庸，即上章好问用中之事也。期月，匝一月也。言知祸而不知辟，以况能择而不能守，皆不得为知也。

右第七章。承上章大知而言，又举不明之端，以起下章也。

子曰："回之为人也，择乎中庸，得一善，则拳拳服膺而弗失之矣。"回，孔子弟子颜渊名。拳拳，奉持之貌。服，犹着也。膺，胸也。奉持而著之心胸之间，言能守也。颜子盖真知之，故能择能守如此，此行之所以无过不及，而道之所以明也。

右第八章。

子曰："天下国家可均也，爵禄可辞也，白刃可蹈也，中庸不可能也。"均，平治也。三者亦知仁勇之事，天下之至难也，然不必其合于中庸，则质之近似者皆能以力为之。若中庸，则虽不必皆如三者之难，然非义精仁熟，而无一毫人欲之私者，不能及也。三者难而易，中庸易而难，此民之所以鲜能也。

右第九章。亦承上章以起下章。

子路问强。子路，孔子弟子仲由也。子路好勇，故问强。子曰："南方之强与？北方之强与？抑而强与？与，平声。抑，语辞。而，汝也。

宽柔以教，不报无道，南方之强也，君子居之。宽柔以教，谓含容巽顺以诲人之不及也。不报无道，谓横逆之来，直受之而不报也。南方风气柔弱，故以含忍之力胜人为强，君子之道也。**衽金革，死而不厌，北方之强也，而强者居之。**衽，席也。金，戈兵之属。革，甲胄之属。北方风气刚劲，故以果敢之力胜人为强，强者之事也。**故君子和而不流，强哉矫！中立而不倚，强哉矫！国有道，不变塞焉，强哉矫！国无道，至死不变，强哉矫！**"此四者，汝之所当强也。矫，强貌。诗曰"矫矫虎臣"是也。倚，偏着也。塞，未达也。国有道，不变未达之所守；国无道，不变平生之所守也。此则所谓中庸之不可能者，非有以自胜其人欲之私，不能择而守也。君子之强，孰大于是。夫子以是告子路者，所以抑其血气之刚，而进之以德义之勇也。

右第十章。

子曰："素隐行怪，后世有述焉，吾弗为之矣。素，按汉书当作索，盖字之误也。索隐行怪，言深求隐僻之理，而过为诡异之行也。然以其足以欺世而盗名，故后世或有称述之者。此知之过而不择乎善，行之过而不用其中，不当强而强者也，圣人岂为之哉！**君子遵道而行，半涂而废，吾弗能已矣。**遵道而行，则能择乎善矣；半涂而废，则力之不足也。此其知虽足以及之，而行有不逮，当强而不强者也。已，止也。圣人于此，非勉焉而不敢废，盖至诚无息，自有所不能止也。**君子依乎中庸，遁世不见知而不悔，唯圣者能之。**不为索隐行怪，则依乎中庸而已。不能半涂而废，是以遁世不见知而不悔也。此中庸之成德，知之尽、仁之至、不赖勇而裕如者，正吾夫子之事，而犹不自居也。故曰唯圣者能之而已。

右第十一章。子思所引夫子之言，以明首章之义者止此。盖此篇大旨，以知仁勇三达德为入道之门。故于篇首，即以大舜、颜渊、子路之事明之。舜，知也；颜渊，仁也；子路，勇也：三者废其一，则无以造道而成德矣。余见第二十章。

　　君子之道费而隐。费，符味反。〇费，用之广也。隐，体之微也。**夫妇之愚，可以与知焉，及其至也，虽圣人亦有所不知焉；夫妇之不肖，可以能行焉，及其至也，虽圣人亦有所不能焉。天地之大也，人犹有所憾。故君子语大，天下莫能载焉；语小，天下莫能破焉。**与，去声。君子之道，近自夫妇居室之间，远而至于圣人天地之所不能尽，其大无外，其小无内，可谓费矣。然其理之所以然，则隐而莫之见也。盖可知可能者，道中之一事，及其至而圣人不知不能。则举全体而言，圣人固有所不能尽也。侯氏曰："圣人所不知，如孔子问礼问官之类；所不能，如孔子不得位、尧舜病博施之类。"愚谓人所憾于天地，如覆载生成之偏，及寒暑灾祥之不得其正者。**诗云："鸢飞戾天，鱼跃于渊。"言其上下察也。**鸢，余专反。诗大雅旱麓之篇。鸢，鸱类。戾，至也。察，著也。子思引此诗以明化育流行，上下昭著，莫非此理之用，所谓费也。然其所以然者，则非见闻所及，所谓隐也。故程子曰："此一节，子思吃紧为人处，活泼泼地，读者其致思焉。"**君子之道，造端乎夫妇；及其至也，察乎天地。**结上文。

　　右第十二章。子思之言，盖以申明首章道不可离之意也。其下八章，杂引孔子之言以明之。

　　子曰："道不远人。人之为道而远人，不可以为道。道者，率性而已，固众人之所能知能行者也，故常不远于人。若为道者，厌其卑近以为不足为，而反务为高远难行之事，则非所以为道矣**诗云：'伐柯伐柯，其则不远。'执柯以伐柯，睨而视之，犹以为远。故君子以人治**

人，**改而止**。睨，研计反。诗豳风伐柯之篇。柯，斧柄。则，法也。睨，邪视也。言人执柯伐木以为柯者，彼柯长短之法，在此柯耳。然犹有彼此之别，故伐者视之犹以为远也。若以人治人，则所以为人之道，各在当人之身，初无彼此之别。故君子之治人也，即以其人之道，还治其人之身。其人能改，即止不治。盖责之以其所能知能行，非欲其远人以为道也。张子所谓"以众人望人则易从"是也。**忠恕违道不远，施诸己而不愿，亦勿施于人**。尽己之心为忠，推己及人为恕。违，去也，如春秋传"齐师违谷七里"之违。言自此至彼，相去不远，非背而去之之谓也。道，即其不远人者是也。施诸己而不愿亦勿施于人，忠恕之事也。以己之心度人之心，未尝不同，则道之不远于人者可见。故己之所不欲，则勿以施之于人，亦不远人以为道之事。张子所谓"以爱己之心爱人则尽仁"是也。**君子之道四，丘未能一焉：所求乎子，以事父未能也；所求乎臣，以事君未能也；所求乎弟，以事兄未能也；所求乎朋友，先施之未能也。庸德之行，庸言之谨，有所不足，不敢不勉，有余不敢尽；言顾行，行顾言，君子胡不慥慥尔！**子、臣、弟、友，四字绝句。求，犹责也。道不远人，凡己之所以责人者，皆道之所当然也，故反之以自责而自修焉。庸，平常也。行者，践其实。谨者，择其可。德不足而勉，则行益力；言有余而讱，则谨益至。谨之至则言顾行矣；行之力则行顾言矣。慥慥，笃实貌。言君子之言行如此，岂不慥慥乎，赞美之也。凡此皆不远人以为道之事。张子所谓"以责人之心责己则尽道"是也。

右第十三章。道不远人者，夫妇所能，丘未能一者，圣人所不能，皆费也。而其所以然者，则至隐存焉。下章放此。

君子素其位而行，不愿乎其外。素，犹见在也。言君子但因见在所居之位而为其所当为，无慕乎其外之心也。**素富贵，行乎富贵；素贫**

贱，行乎贫贱；**素夷狄，行乎夷狄；素患难，行乎患难；君子无入而
不自得焉。**难，去声。此言素其位而行也。**在上位不陵下，在下位不
援上，正己而不求于人则无怨。上不怨天，下不尤人。**援，平声。此
言不愿乎其外也。**故君子居易以俟命，小人行险以徼幸。**易，去声。
易，平地也。居易，素位而行也。俟命，不愿乎外也。徼，求也。幸，
谓所不当得而得者。**子曰："射有似乎君子；失诸正鹄，反求诸其身。"**
正，音征。鹄，工毒反。画布曰正，栖皮曰鹄，皆侯之中，射之的也。
子思引此孔子之言，以结上文之意。

　　右第十四章。子思之言也。凡章首无"子曰"字者放此。

图 15：朱子像（藏台北故宫博物院）

　　君子之道，辟如行远必自迩，辟如登高必自卑。辟、譬同。**诗曰：
"妻子好合，如鼓瑟琴；兄弟既翕，和乐且耽；宜尔室家；乐尔妻帑。"**
好，去声。耽，诗作湛，亦音耽。乐，音洛。诗小雅常棣之篇。鼓瑟

琴，和也。翕，亦合也。耽，亦乐也。帑，子孙也。**子曰："父母其顺矣乎！"** 夫子诵此诗而赞之曰：人能和于妻子，宜于兄弟如此，则父母其安乐之矣。子思引诗及此语，以明行远自迩、登高自卑之意。

右第十五章。

子曰："鬼神之为德，其盛矣乎！ 程子曰："鬼神，天地之功用，而造化之迹也。"张子曰："鬼神者，二气之良能也。"愚谓以二气言，则鬼者阴之灵也，神者阳之灵也。以一气言，则至而伸者为神，反而归者为鬼，其实一物而已。为德，犹言性情功效。**视之而弗见，听之而弗闻，体物而不可遗。** 鬼神无形与声，然物之终始，莫非阴阳合散之所为，是其为物之体，而物所不能遗也。其言体物，犹易所谓干事。**使天下之人齐明盛服，以承祭祀。洋洋乎！如在其上，如在其左右。** 齐，侧皆反。齐之为言齐也，所以齐不齐而致其齐也。明，犹洁也。洋洋，流动充满之意。能使人畏敬奉承，而发见昭著如此，乃其体物而不可遗之验也。孔子曰："其气发扬于上，为昭明焄蒿凄怆。此百物之精也，神之着也"，正谓此尔。**诗曰：'神之格思，不可度思！矧可射思！'** 度，待洛反。射，音亦，诗作斁。诗大雅抑之篇。格，来也。矧，况也。射，厌也，言厌怠而不敬也。思，语辞。**夫微之显，诚之不可揜如此夫。"** 夫，音扶。诚者，真实无妄之谓。阴阳合散，无非实者。故其发见之不可揜如此。

右第十六章。不见不闻，隐也。体物如在，则亦费矣。此前三章，以其费之小者而言。此后三章，以其费之大者而言。此一章，兼费隐、包大小而言。

子曰："舜其大孝也与！德为圣人，尊为天子，富有四海之内。宗

庙飨之，子孙保之。与，平声。子孙，谓虞思、陈胡公之属。**故大德必得其位，必得其禄，必得其名，必得其寿。**舜年百有十岁。**故天之生物，必因其材而笃焉。故栽者培之，倾者覆之，**材，质也。笃，厚也。栽，植也。气至而滋息为培。气反而游散则覆。**诗曰：'嘉乐君子，宪宪令德！宜民宜人；受禄于天；保佑命之，自天申之！'**诗大雅假乐之篇。假，当依此作嘉。宪，当依诗作显。申，重也。**故大德者必受命。"**受命者，受天命为天子也。

右第十七章。此由庸行之常，推之以极其至，见道之用广也。而其所以然者，则为体微矣。后二章亦此意。

子曰："无忧者其惟文王乎！以王季为父，以武王为子，父作之，子述之。此言文王之事。书言"王季其勤王家"，盖其所作，亦积功累仁之事也。**武王缵大王、王季、文王之绪。壹戎衣而有天下，身不失天下之显名。尊为天子，富有四海之内。宗庙飨之，子孙保之。**大，音泰，下同。此言武王之事。缵，继也。大王，王季之父也。书云："大王肇基王迹。"诗云"至于大王，实始翦商。"绪，业也。戎衣，甲胄之属。壹戎衣，武成文，言一着戎衣以伐纣也。**武王末受命，周公成文武之德，追王大王、王季，上祀先公以天子之礼。斯礼也，达乎诸侯大夫，及士庶人。父为大夫，子为士；葬以大夫，祭以士。父为士，子为大夫；葬以士，祭以大夫。期之丧达乎大夫，三年之丧达乎天子，父母之丧无贵贱一也。"**追王之王，去声。此言周公之事。末，犹老也。追王，盖推文武之意，以及乎王迹之所起也。先公，组绀以上至后稷也。上祀先公以天子之礼，又推大王、王季之意，以及于无穷也。制为礼法，以及天下，使葬用死者之爵，祭用生者之禄。丧服自期以下，诸侯绝；大夫降；而父母之丧，上下同之，推己以及人也。

右第十八章。

子曰："武王、周公，其达孝矣乎！达，通也。承上章而言武王、周公之孝，乃天下之人通谓之孝，犹孟子之言达尊也。**夫孝者：善继人之志，善述人之事者也。**上章言武王缵大王、王季、文王之绪以有天下，而周公成文武之德以追崇其先祖，此继志述事之大者也。下文又以其所制祭祀之礼，通于上下者言之。**春秋修其祖庙，陈其宗器，设其裳衣，荐其时食。**祖庙：天子七，诸侯五，大夫三，适士二，官师一。宗器，先世所藏之重器；若周之赤刀、大训、天球、河图之属也。裳衣，先祖之遗衣服，祭则设之以授尸也。时食，四时之食，各有其物，如春行羔、豚、膳、膏、香之类是也。**宗庙之礼，所以序昭穆也；序爵，所以辨贵贱也；序事，所以辨贤也；旅酬下为上，所以逮贱也；燕毛，所以序齿也。**昭，如字。为，去声。宗庙之次：左为昭，右为穆，而子孙亦以为序。有事于太庙，则子姓、兄弟、群昭、群穆咸在而不失其伦焉。爵，公、侯、卿、大夫也。事，宗祝有司之职事也。旅，众也。酬，导饮也。旅酬之礼，宾弟子、兄弟之子各举觯于其长而众相酬。盖宗庙之中以有事为荣，故逮及贱者，使亦得以申其敬也。燕毛，祭毕而燕，则以毛发之色别长幼，为坐次也。齿，年数也。**践其位，行其礼，奏其乐，敬其所尊，爱其所亲，事死如事生，事亡如事存，孝之至也。**践，犹履也。其，指先王也。所尊所亲，先王之祖考、子孙、臣庶也。始死谓之死，既葬则曰反而亡焉，皆指先王也。此结上文两节，皆继志述事之意也。郊社之礼，所以事上帝也，宗庙之礼，所以祀乎其先也。明乎郊社之礼、禘尝之义，治国其如示诸掌乎。"郊，祀天。社，祭地。不言后土者，省文也。禘，天子宗庙之大祭，追祭太祖之所自出于太庙，而以太祖配之也。尝，秋祭也。四时皆祭，举其一耳。礼必有义，对举之，互文也。示，与视同。视诸掌，言易见也。此与论语文意大同小异，记有详略耳。

右第十九章。

图 16：纪念朱熹诞生八百八十周年邮票

哀公问政。哀公，鲁君，名蒋。子曰："文武之政，布在方策。其人存，则其政举；其人亡，则其政息。方，版也。策，简也。息，犹灭也。有是君，有是臣，则有是政矣。人道敏政，地道敏树。夫政也者，蒲卢也。夫，音扶。敏，速也。蒲卢，沈括以为蒲苇是也。以人立政，犹以地种树，其成速矣，而蒲苇又易生之物，其成尤速也。言人存政举，其易如此。故为政在人，取人以身，修身以道，修道以仁。此承上文人道敏政而言也。为政在人，家语作"为政在于得人"，语意尤备。人，谓贤臣。身，指君身。道者，天下之达道。仁者，天地生物之心，而人得以生者，所谓元者善之长也。言人君为政在于得人，而取人之则又在修身。能修①其身，则有君有臣，而政无不举矣。仁者人也，亲亲为大；义者宜也，尊贤为大；亲亲之杀，尊贤之等，礼所

---

① "修"，原作"仁"，据清仿宋大字本改。

生也。杀，去声。人，指人身而言。具此生理，自然便有恻怛慈爱之意，深体味之可见。宜者，分别事理，各有所宜也。礼，则节文斯二者而已。**在下位不获乎上，民不可得而治矣！**郑氏曰："此句在下，误重在此。"**故君子不可以不修身；思修身，不可以不事亲；思事亲，不可以不知人；思知人，不可以不知天。"**为政在人，取人以身，故不可以不修身。修身以道，修道以仁，故思修身不可以不事亲。欲尽亲亲之仁，必由尊贤之义，故又当知人。亲亲之杀，尊贤之等，皆天理也，故又当知天。**天下之达道五，所以行之者三：曰君臣也，父子也，夫妇也，昆弟也，朋友之交也：五者天下之达道也。知、仁、勇三者，天下之达德也，所以行之者一也。**知，去声。达道者，天下古今所共由之路，即书所谓五典，孟子所谓"父子有亲、君臣有义、夫妇有别、长幼有序、朋友有信"是也。知，所以知此也；仁，所以体此也；勇，所以强此也；谓之达德者，天下古今所同得之理也。一则诚而已矣。达道虽人所共由，然无是三德，则无以行之；达德虽人所同得，然一有不诚，则人欲间之，而德非其德矣。程子曰："所谓诚者，止是诚实此三者。三者之外，更别无诚。"**或生而知之，或学而知之，或困而知之，及其知之一也；或安而行之，或利而行之，或勉强而行之，及其成功一也。**强，上声。知之者之所知，行之者之所行，谓达道也。以其分而言：则所以知者知也，所以行者仁也，所以至于知之成功而一者勇也。以其等而言：则生知安行者知也，学知利行者仁也，困知勉行者勇也。盖人性虽无不善，而气禀有不同者，故闻道有蚤莫，行道有难易，然能自强不息，则其至一也。吕氏曰："所入之涂虽异，而所至之域则同，此所以为中庸。若乃企生知安行之资为不可几及，轻困知勉行谓不能有成，此道之所以不明不行也。"**子曰："好学近乎知，力行近乎仁，知耻近乎勇。**"子曰"二字衍文。好近乎知之知，并去声。此言未及乎达德而求以入德之事。通上文三知为知，三行为仁，则此三近者，勇之次也。吕氏曰："愚者自是而不求，自私者殉人欲而忘反，懦者甘为人下而不辞。故好学非知，然足以破愚；力行非仁，然足以忘私；知耻非勇，然足以起懦。"**知斯三者，则知所以修身；知所以修身，则知所以治人；知所以治人，则知所以治天下国家矣。**"斯三者，指三近而言。人者，对己之称。天下国家，则尽乎人矣。言此以结上文修身之意，起下文九经之端也。**凡为天下国家有九经，曰：修身也，尊贤也，亲亲也，敬大臣也，体群臣也，子庶民也，来百工也，柔远人也，怀诸侯也。**经，常也。体，谓设以身处其地而察其心也。子，如父母之爱其子也。柔远人，所谓无忘宾旅者也。此列九经之目也。吕氏曰："天下国家之本在身，故修身为九经之本。然必亲师取友，然后修身之道进，故尊贤次之。道之所进，莫先其家，故亲亲次之。由家以及朝廷，故敬大臣、体群臣次之。由朝廷以及其国，故子庶民、来百工次之。由其国以及天下，故柔远人、怀诸侯次之。此九经之序也。"视群臣犹吾四体，视百姓犹吾子，此视臣视民之别也。**修身则道立，尊贤则不惑，亲亲则诸父昆弟不怨，敬大臣则不眩，体群臣则士之报礼重，子庶民则百姓劝，来百工则财用足，柔远人则四方归之，怀诸侯则天下畏之。**此言九经之效也。道立，谓道成于己而可为民表，所谓皇建其有极是也。不惑，谓不疑于理。不眩，谓不迷于事。敬大臣则信任专，而小臣不得以间之，故临事而不眩也。来百工则通功易事，农末相资，故财用足。柔远人，则天下之旅皆悦而愿出于其涂，故四方归。怀诸侯，则德之所施者博，而威之所制者广矣，故曰天下畏之。**齐明盛服，非礼不动，所以修身也；去谗远色，贱货而贵德，所以劝贤也；尊其位，重其禄，同其好恶，所以劝亲亲也；官盛任使，所以劝大臣也；忠信重禄，所以劝士也；时使薄敛，所以劝百姓也；日省月试，既禀称事，所以劝百工也；送往迎来，嘉善而矜不能，所以柔远人也；继绝世，举废国，治乱持危，朝聘以时，厚往而薄来，所以怀诸侯也。**齐，侧皆反。去，上声。远、好、恶、敛，并去声。既，许气反。禀，彼锦、力锦二反。称，去声。朝，音潮。○

此言九经之事也。官盛任使，谓官属众盛，足任使令也，盖大臣不当亲细事，故所以优之者如此。忠信重禄，谓待之诚而养之厚，盖以身体之，而知其所赖乎上者如此也。既，读曰饩。饩禀，稍食也。称事，如《周礼·稿人职》曰"考其弓弩，以上下其食"是也。往则为之授节以送之，来则丰其委积以迎之。朝，谓诸侯见于天子。聘，谓诸侯使大夫来献。王制"比年一小聘，三年一大聘，五年一朝"。厚往薄来，谓燕赐厚而纳贡薄。**凡为天下国家有九经，所以行之者一也。**一者，诚也。一有不诚，则是九者皆为虚文矣，此九经之实也。**凡事豫则立，不豫则废。言前定则不跲，事前定则不困，行前定则不疚，道前定则不穷。**跲，其劫反。行，去声。凡事，指达道达德九经之属。豫，素定也。跲，蹶也。疚，病也。此承上文，言凡事皆欲先立乎诚，如下文所推是也。**在下位不获乎上，民不可得而治矣；获乎上有道：不信乎朋友，不获乎上矣；信乎朋友有道：不顺乎亲，不信乎朋友矣；顺乎亲有道：反诸身不诚，不顺乎亲矣；诚身有道：不明乎善，不诚乎身矣。**此又以在下位者，推言素定之意。反诸身不诚，谓反求诸身而所存所发，未能真实而无妄也。不明乎善，谓未能察于人心天命之本然，而真知至善之所在也。**诚者，天之道也；诚之者，人之道也。诚者不勉而中，不思而得，从容中道，圣人也。诚之者，择善而固执之者也。**中，并去声。从，七容反。此承上文诚身而言。诚者，真实无妄之谓，天理之本然也。诚之者，未能真实无妄，而欲其真实无妄之谓，人事之当然也。圣人之德，浑然天理，真实无妄，不待思勉而从容中道，则亦天之道也。未至于圣，则不能无人欲之私，而其为德不能皆实。故未能不思而得，则必择善，然后可以明善；未能不勉而中，则必固执，然后可以诚身，此则所谓人之道也。不思而得，生知也。不勉而中，安行也。择善，学知以下之事。固执，利行以下之事也。**博学之，审问之，慎思之，明辨之，笃行之。**此诚之之目也。学、问、思、辨，所以择善而为知，学而知也。笃行，所以固执而为仁，利而行也。程子曰："五者废其一，非学也。"**有弗学，学之弗能弗措也；有弗问，问之弗知弗措也；有弗思，思之弗得弗措也；有弗辨，辨之弗明弗措也；有弗行，行之弗笃弗措也；人一能之己百之，人十能之己千之。**君子之学，不为则已，为则必要其成，故常百倍其功。此困而知，勉而行者也，勇之事也。**果能此道矣，虽愚必明，虽柔必强。**明者择善之功，强者固执之效。吕氏曰："君子所以学者，为能变化气质而已。德胜气质，则愚者可进于明，柔者可进于强。不能胜之，则虽有志于学，亦愚不能明，柔不能立而已矣。盖均善而无恶者，性也，人所同也；昏明强弱之禀不齐者，才也，人所异也。诚之者所以反其同而变其异也。夫以不美之质，求变而美，非百倍其功，不足以致之。今以卤莽灭裂之学，或作或辍，以变其不美之质，及不能变，则曰天质不美，非学所能变。是果于自弃，其为不仁甚矣！"

右第二十章。此引孔子之言，以继大舜、文、武、周公之绪，明其所传之一致，举而措之，亦犹是耳。盖包费隐、兼小大，以终十二章之意。章内语诚始详，而所谓诚者，实此篇之枢纽也。又按：孔子家语，亦载此章，而其文尤详。"成功一也"之下，有"公曰：子之言美矣！至矣！寡人实固，不足以成之也"。故其下复以"子曰"起答辞。今无此问辞，而犹有"子曰"二字；盖子思删其繁文以附于篇，而所删有不尽者，今当为衍文也。"博学之"以下，家语无之，意彼有阙文，抑此或子思所补也欤？

自诚明，谓之性；自明诚，谓之教。诚则明矣，明则诚矣。自，由也。德无不实而明无不照者，圣人之德。所性而有者也，天道也。先明乎善，而后能实其善者，贤人之学。由教而入者也，人道也。诚则无不明矣，明则可以至于诚矣。

右第二十一章。子思承上章夫子天道、人道之意而立言也。自此以下十二章，皆子思之言，以反复推明此章之意。

图 17：诚信（朱熹书）

唯天下至诚，为能尽其性；能尽其性，则能尽人之性；能尽人之性，则能尽物之性；能尽物之性，则可以赞天地之化育；可以赞天地之化育，则可以与天地参矣。天下至诚，谓圣人之德之实，天下莫能加也。尽其性者德无不实，故无人欲之私，而天命之在我者，察之由之，巨细精粗，无毫发之不尽也。人物之性，亦我之性，但以所赋形气不同而有异耳。能尽之者，谓知之无不明而处之无不当也。赞，犹助也。与天地参，谓与天地并立为三也。此自诚而明者之事也。

右第二十二章。言天道也。

其次致曲，曲能有诚，诚则形，形则著，著则明，明则动，动则变，变则化，唯天下至诚为能化。其次，通大贤以下凡诚有未至者而言也。致，推致也。曲，一偏也。形者，积中而发外。著，则又加显矣。明，则又有光辉发越之盛也。动者，诚能动物。变者，物从而变。

化，则有不知其所以然者。盖人之性无不同，而气则有异，故惟圣人能举其性之全体而尽之。其次则必自其善端发见之偏，而悉推致之，以各造其极也。曲无不致，则德无不实，而形、著、动、变之功自不能已。积而至于能化，则其至诚之妙，亦不异于圣人矣。

右第二十三章。言人道也。

至诚之道，可以前知。国家将兴，必有祯祥；国家将亡，必有妖孽；见乎蓍龟，动乎四体。祸福将至：善，必先知之；不善，必先知之。故至诚如神。见，音现。祯祥者，福之兆。妖孽者，祸之萌。蓍，所以筮。龟，所以卜。四体，谓动作威仪之间，如执玉高卑，其容俯仰之类。凡此皆理之先见者也。然惟诚之至极，而无一毫私伪留于心目之间者，乃能有以察其几焉。神，谓鬼神。

右第二十四章。言天道也。

诚者自成也，而道自道也。道也之道，音导。言诚者物之所以自成，而道者人之所当自行也。诚以心言，本也；道以理言，用也。**诚者物之终始，不诚无物。是故君子诚之为贵。**天下之物，皆实理之所为，故必得是理，然后有是物。所得之理既尽，则是物亦尽而无有矣。故人之心一有不实，则虽有所为亦如无有，而君子必以诚为贵也。盖人之心能无不实，乃为有以自成，而道之在我者亦无不行矣。**诚者非自成己而已也，所以成物也。成己，仁也；成物，知也。性之德也，合外内之道也，故时措之宜也。**知，去声。诚虽所以成己，然既有以自成，则自然及物，而道亦行于彼矣。仁者体之存，知者用之发，是皆吾性之固有，而无内外之殊。既得于己，则见于事者，以时措之，而皆得其宜也。

右第二十五章。言人道也。

故至诚无息。既无虚假，自无间断。**不息则久，久则征，**久，常于中也。征，验于外也。**征则悠远，悠远则博厚，博厚则高明。**此皆以其验于外者言之。郑氏所谓"至诚之德，著于四方"者是也。存诸中者既久，则验于外者益悠远而无穷矣。悠远，故其积也广博而深厚；博厚，故其发也高大而光明。**博厚，所以载物也；高明，所以覆物也；**悠久，所以成物也。悠久，即悠远，兼内外而言之也。本以悠远致高厚，而高厚又悠久也。此言圣人与天地同用。**博厚配地，高明配天，悠久无疆。**此言圣人与天地同体。**如此者，不见而章，不动而变，无为而成。**见，音现。见，犹示也。不见而章，以配地而言也。不动而变，以配天而言也。无为而成，以无疆而言也。**天地之道，可一言而尽也：其为物不贰，则其生物不测。**此以下，复以天地明至诚无息之功用。天地之道，可一言而尽，不过曰诚而已。不贰，所以诚也。诚故不息，而生物之多，有莫知其所以然者。**天地之道：博也，厚也，高也，明也，悠也，久也。**言天地之道，诚一不贰，故能各极所盛，而有下文生物之功。**今夫天，斯昭昭之多，及其无穷也，日月星辰系焉，万物覆焉。今夫地，一撮土之多，及其广厚，载华岳而不重，振河海而不泄，万物载焉。今夫山，一卷石之多，及其广大，草木生之，禽兽居之，宝藏兴焉。今夫水，一勺之多，及其不测，鼋鼍、蛟龙、鱼鳖生焉，货财殖焉。**夫，音扶。华、藏，并去声。卷，平声。勺，市若反。昭昭，犹耿耿，小明也。此指其一处而言之。及其无穷，犹十二章及其至也之意，盖举全体而言也。振，收也。卷，区也。此四条，皆以发明由其不贰不息以致盛大而能生物之意。然天、地、山、川，实非由积累而后大，读者不以辞害意可也。**诗云："维天之命，于**

穆不已！"盖曰天之所以为天也。"于乎不显！文王之德之纯！"盖曰文王之所以为文也，纯亦不已。于，音乌。乎，音呼。诗周颂维天之命篇。于，叹辞。穆，深远也。不显，犹言岂不显也。纯，纯一不杂也。引此以明至诚无息之意。程子曰："天道不已，文王纯于天道，亦不已。纯则无二无杂，不已则无间断先后。"

右第二十六章。言天道也。

大哉圣人之道！包下文两节而言。洋洋乎！发育万物，峻极于天。峻，高大也。此言道之极于至大而无外也。优优大哉！礼仪三百，威仪三千。优优，充足有余之意。礼仪，经礼也。威仪，曲礼也。此言道之入于至小而无闲也。待其人而后行。总结上两节。故曰苟不至德，至道不凝焉。至德，谓其人。至道，指上两节而言也。凝，聚也，成也。故君子尊德性而道问学，致广大而尽精微，极高明而道中庸。温故而知新，敦厚以崇礼。尊者，恭敬奉持之意。德性者，吾所受于天之正理。道，由也。温，犹焊温之温，谓故学之矣，复时习之也。敦，加厚也。尊德性，所以存心而极乎道体之大也。道问学，所以致知而尽乎道体之细也。二者修德凝道之大端也。不以一毫私意自蔽，不以一毫私欲自累，涵泳乎其所已知。敦笃乎其所已能，此皆存心之属也。析理则不使有毫厘之差，处事则不使有过不及之谬，理义则日知其所未知，节文则日谨其所未谨，此皆致知之属也。盖非存心无以致知，而存心者又不可以不致知。故此五句，大小相资，首尾相应，圣贤所示入德之方，莫详于此，学者宜尽心焉。是故居上不骄，为下不倍，国有道其言足以兴，国无道其默足以容。诗曰"既明且哲，以保其身"，其此之谓与！倍，与背同。与，平声。兴，谓兴起在位也。诗大雅烝民之篇。

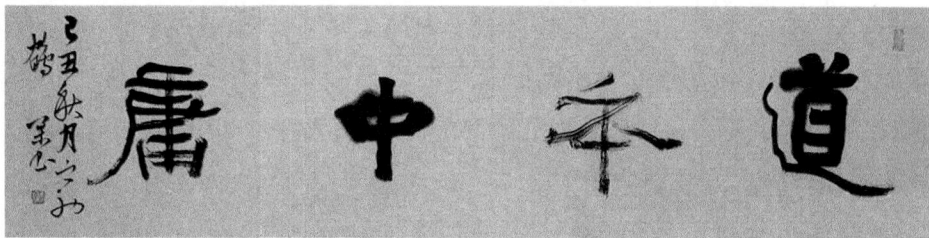

图 18：道本中庸（书法）

右第二十七章。言人道也。

子曰："愚而好自用，贱而好自专，生乎今之世，反古之道。如此者，灾及其身者也。"好，灾去声。？，古灾字。以上孔子之言，子思引之。反，复也。**非天子，不议礼，不制度，不考文。**此以下，子思之言。礼，亲疏贵贱相接之体也。度，品制。文，书名。**今天下车同轨，书同文，行同伦。**行，去声。今，子思自谓当时也。轨，辙迹之度。伦，次序之体。三者皆同，言天下一统也。**虽有其位，苟无其德，不敢作礼乐焉；虽有其德，苟无其位，亦不敢作礼乐焉。**郑氏曰："言作礼乐者，必圣人在天子之位。"**子曰："吾说夏礼，杞不足征也；吾学殷礼，有宋存焉；吾学周礼，今用之，吾从周。"**此又引孔子之言。杞，夏之后。征，证也。宋，殷之后。三代之礼，孔子皆尝学之而能言其意；但夏礼既不可考证，殷礼虽存，又非当世之法，惟周礼乃时王之制，今日所用。孔子既不得位，则从周而已。

右第二十八章。承上章为下不倍而言，亦人道也。

王天下有三重焉，其寡过矣乎！王，去声。吕氏曰："三重，谓议礼、制度、考文。惟天子得以行之，则国不异政，家不殊俗，而人得寡过矣。"**上焉者虽善无征，无征不信，不信民弗从；下焉者虽善不尊，不尊不信，不信民弗从。**上焉者，谓时王以前，如夏、商之礼虽善，而皆不可考。下焉者，谓圣人在下，如孔子虽善于礼，而不在尊位也。**故君子之道：本诸身，征诸庶民，考诸三王而不缪，建诸天地而不悖，质诸鬼神而无疑，百世以俟圣人而不惑。**此君子，指王天下者而言。其道，即议礼、制度、考文之事也。本诸身，有其德也。征诸庶民，验其所信从也。建，立也，立于此而参于彼也。天地者，道也。鬼神者，造化之迹也。百世以俟圣人而不惑，所谓圣人复起，不易吾言者也。**质诸鬼神而无疑，知天也；百世以俟圣人而不惑，知人也。**知天知人，知其理也。**是故君子动而世为天下道，行而世为天下法，言而世为天下则。远之则有望，近之则不厌。**动，兼言行而言。道，兼法则而言。法，法度也。则，准则也。**诗曰："在彼无恶，在此无射；庶几夙夜，以永终誉！"君子未有不如此而蚤有誉于天下者也。**恶，去声。射，音妒，诗作斁。诗周颂振鹭之篇。射，厌也。所谓此者，指本诸身以下六事而言。

右第二十九章。承上章居上不骄而言，亦人道也。

仲尼祖述尧舜，宪章文武；上律天时，下袭水土。祖述者，远宗其道。宪章者，近守其法。律天时者，法其自然之运。袭水土者，因其一定之理。皆兼内外该本末而言也。**辟如天地之无不持载，无不覆帱，辟如四时之错行，如日月之代明。**辟，音譬。帱，徒报反。错，犹迭也。此言圣人之德。**万物并育而不相害，道并行而不相悖，小德川流，大德敦化，此天地之所以为大也。**悖，犹背也。天覆地载，万物并育于其间而不相害；四时日月，错行代明而不相悖。所以不害不悖者，小德之川流；所以并育并行者，大德之敦化。小德者，全体之分；大德者，万殊之本。川流者，如川之流，脉络分明而往不息也。敦化者，敦厚其化，根本盛大而出无穷也。此言天地之道，以见上文取辟之意也。

右第三十章。言天道也。

图 19：朱子家训

唯天下至圣，为能聪明睿知，足以有临也；宽裕温柔，足以有容也；发强刚毅，足以有执也；齐庄中正，足以有敬也；文理密察，足以有别也。知，去声。齐，侧皆反。别，彼列反。聪明睿知，生知之质。临，谓居上而临下也。其下四者，乃仁义礼知之德。文，文章也。理，条理也。密，详细也。察，明辩也。溥博渊泉，而时出之。溥博，周遍而广阔也。渊泉，静深而有本也。出，发见也。言五者之德，充积于中，而以时发见于外也。溥博如天，渊泉如渊。见而民莫不敬，言而民莫不信，行而民莫不说。见，音现。说，音悦。言其充积极其盛，而发见当其可也。是以声名洋溢乎中国，施及蛮貊；舟车所至，人力所通；天之所覆，地之所载，日月所照，霜露所队；凡有血气者，

莫不尊亲，故曰配天。施，去声。队，音坠。舟车所至以下，盖极言之。配天，言其德之所及，广大如天也。

右第三十一章。承上章而言小德之川流，亦天道也。

唯天下至诚，为能经纶天下之大经，立天下之大本，知天地之化育。夫焉有所倚？夫，音扶。焉，于虔反。经，纶，皆治丝之事。经者，理其绪而分之；纶者，比其类而合之也。经，常也。大经者，五品之人伦。大本者，所性之全体也。惟圣人之德极诚无妄，故于人伦各尽其当然之实，而皆可以为天下后世法，所谓经纶之也。其于所性之全体，无一毫人欲之伪以杂之，而天下之道千变万化皆由此出，所谓立之也。其于天地之化育，则亦其极诚无妄者有默契焉，非但闻见之知而已。此皆至诚无妄，自然之功用，夫岂有所倚着于物而后能哉。**肫肫其仁！渊渊其渊！浩浩其天！**肫，之纯反。○肫肫，恳至貌，以经纶而言也。渊渊，静深貌，以立本而言也。浩浩，广大貌，以知化而言也。其渊其天，则非特如之而已。**苟不固聪明圣知达天德者，其孰能知之？**圣知之知，去声。固，犹实也。郑氏曰："惟圣人能知圣人也。"

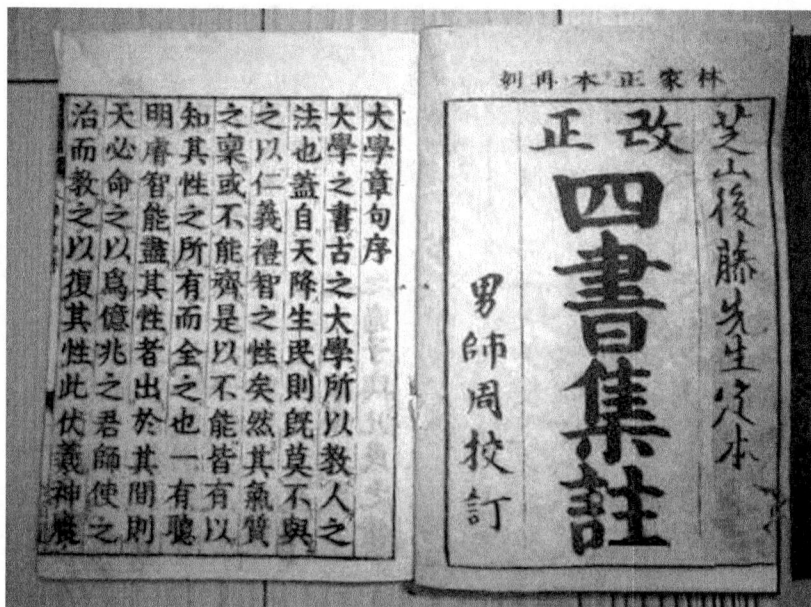

图 20：四书集注书影

　　右第三十二章。承上章而言大德之敦化，亦天道也。前章言至圣之德，此章言至诚之道。然至诚之道，非至圣不能知；至圣之德，非至诚不能为，则亦非二物矣。此篇言圣人天道之极致，至此而无以加矣。

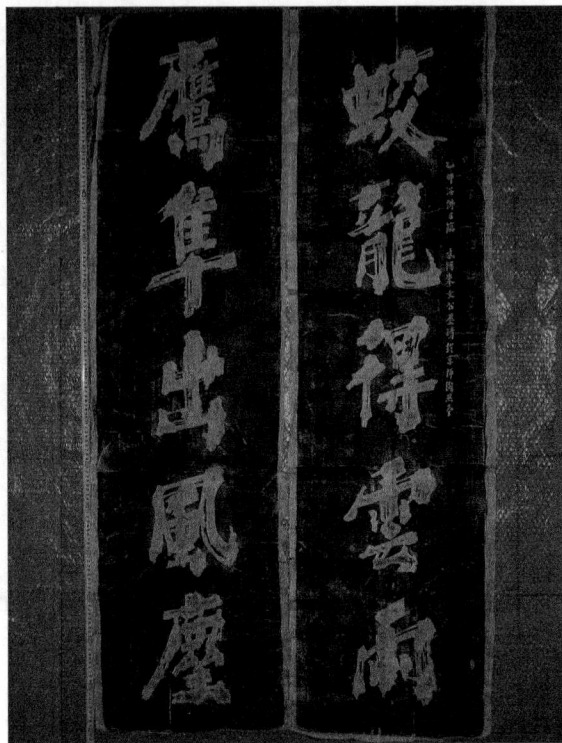

图21：蛟龙得云雨 鹰隼出风尘（朱熹书）

诗曰"衣锦尚絅"，恶其文之着也。故君子之道，闇然而日章；小人之道，的然而日亡。君子之道：淡而不厌，简而文，温而理，知远之近，知风之自，知微之显，可与入德矣。衣，去声。絅，口迥反。恶，去声。暗，于感反。前章言圣人之德，极其盛矣。此复自下学立心之始言之，而下文又推之以至其极也。诗国风卫硕人、郑之丰，皆作"衣锦褧衣"。褧、絅同。禅衣也。尚，加也。古之学者为己，故其立心如此。尚絅故闇然，衣锦故有日章之实。淡、简、温，絅之袭于外也；不厌而文且理焉，锦之美在中也。小人反是，则暴于外而无实以继之，是以的然而日亡也。远之近，见于彼者由于此也。风之自，着乎外者本乎内也。微之显，有诸内者形诸外也。有为己之心，而又知此三者，则知所谨而可入德矣。故下文引诗言谨独之事。**诗云："潜虽伏矣，亦孔之昭！"故君子内省不疚，无恶于志。君子之所不可及者，其唯人之所不见乎。**恶，去声。诗小雅正月之篇。承上文言"莫见乎隐、莫显乎微"也。疚，病也。无恶于志，犹言无愧于心，此君子谨独之事也。**诗云："相在尔室，尚不愧于屋漏。"故君子不动而敬，不言而信。**相，去声。诗大雅抑之篇。相，视也。屋漏，室西北隅也。承上文又言君子之戒谨恐惧，无时不然，不待言动而后敬信，则其为己之功益加密矣。故下文引诗并言其效。**诗曰："奏假无言，时靡有争。"是故君子不赏而民劝，不怒而民威于鈇钺。**假，格同。鈇，音夫。诗商颂烈祖之篇。奏，进也。承上文而遂及其效，言进而感格于神明之际，极其诚敬，无有言说而人自化之也。威，畏也。鈇，莝斫刀也。钺，斧也。**诗曰："不显惟德！百辟其刑之。"是故君子笃恭而天下平。**诗周颂烈文之篇。不显，说见二十六章，此借引以为幽深玄远之意。承上文言天子有不显之德，而诸侯法之，则其德愈深而效愈远矣。笃，厚也。笃恭，言不显其敬也。笃恭而天下平，乃圣人至德渊微，自然之应，中庸之极功也。**诗云："予怀明德，不大声以色。"子曰："声色之于以化民，末也。"诗曰："德輶如毛"，毛犹有伦。"上天之载，无声无臭"，至矣！**輶，由、酉二音。诗大雅皇矣之篇。引之以明上文所谓不显之德者，正以其不大声与色也。又引孔子之言，以为声色乃化民之末务，今但言不大之而已，则犹有声色者存，是未足以形容不显之妙。不若烝民之诗所言"德輶如毛"，则庶乎可以形容矣，而又自以为谓之毛，则犹有可比者，是亦未尽其妙。不若文王之诗所言"上天之事，无声无臭"，然后乃为不显之至耳。盖声臭有气无形，在物最为微妙，而犹曰无之，故惟此可以形容不显笃恭之妙。非此德之外，又别有是三等，然后为至也。

右第三十三章。子思因前章极致之言，反求其本，复自下学为己谨独之事，推而言之，以驯致乎笃恭而天下平之盛。又赞其妙，至于无声无臭而后已焉。盖举一篇之要而约言之，其反复丁宁示人之意，至深切矣，学者其可不尽心乎！

参考文献

1. 王乐：《〈中庸〉研究》，广西人民出版社，2016。

2. 陈满铭：《中庸天人双螺旋互动思想研究》，跨界章法学研究丛书.（第六册），万卷楼图书股份有限公司，2016。

3. 陈赟：《中庸的思想》，浙江大学出版社，2007。

4. 岑晓，冰封编著：《中庸全评》，群言出版社，2017。

5. 杨少涵：《中庸原论：儒家情感形上学之创发与潜变》，社会科学文献出版社，2015。

6. 魏承思：《我们时代的中庸》，上海人民出版社，2016。

7. 张尚德讲述：《〈中庸〉思想系统的开展》，台北：达摩出版社，2012。

8. 张宏恩，吴宝川：《中庸的医学道理及实践》.（第2版），上海交通大学出版社，2016。

9. 江晓梅：《〈中庸〉英译研究：基于理雅各、辜鸿铭、休中诚、陈荣捷、安乐哲和郝大维译本的分析》，武汉大学出版社，2016。

10. 何琦：《恰到好处：〈中庸〉解读》，中国电影出版社，2015。

11. 吴旻雁：《中庸与调和：儒家和阿拉伯伊斯兰思想的比较研究》，昆仑出版社，2015。

12. 张亚宁：《中庸》，中国社会科学出版社，2012。

13. 昌迦:《中庸催眠术》,中央编译出版社,2013。

14. [英] 理雅各译释:《论语大学中庸》,上海三联书店,2014。

15. (宋) 朱熹撰:《孟子或问大学或问》《中庸或问》,中文出版社,1977。

16. 宋一夫主编:《国学百家讲坛（儒学分卷）:中庸》,现代教育出版社,2012.

17. [美] 伊曼纽尔·沃勒斯坦:《现代世界体系（第四卷）:中庸的自由主义的胜利》,社会科学文献出版社,2013。

18. 王君信:《中庸释义》,中国书店,2012。

19. 黄美序:《中庸重组语译与胸无点墨斋杂稿》,秀威资讯科技股份有限公司,2010。

20. 杜维明:《中庸:论儒学的宗教性》,生活·读书·新知三联书店,2013。

21. 赵征主编:《中庸》,线装书局,2013。

22. 宋天正注译:《中庸今注今译》.（第2版）,台湾商务印书馆,2009。

23. 张宏恩,吴宝川:《中庸的医学道理及实践》,上海交通大学出版社,2013

24. 子思:《中庸（汉英对照）》,外语教学与研究出版社,2011。

25. 陈汉涛:《中庸的哲学》,出版者不详,2009。

26. 陈晓芬,徐儒宗译注:《论语大学中庸》,中华书局,2011。

27. 安乐哲,郝大维:《切中伦常:〈中庸〉的新诠与新译》,中国社会科学出版社,2011。

28. 陈柱:《中庸注参》,广西师范大学出版社,2010年。

29. 晁乐红:《中庸与中道:先秦儒家与亚里士多德伦理思想比较研究》,人民出版社,2010。

30. 王国轩,张燕婴译注:《论语大学中庸》,中华书局,2010。

31.(春秋) 子思：《中庸全鉴》，中国纺织出版社，2010。

32. 王轶楠：《和谐心理学发微：中庸视角下的上下级共生之道》，中国社会科学出版社，2009。

33. 师为公：《中庸深解》，作家出版社，2009。

34. 夏可君：《〈中庸〉的时间解释学》，黄山书社，2009。

35. 赵顺孙纂疏：《四书纂疏》，文史哲出版社，1986。

36. 陆宗舆：《中庸证释 . 元》，救世新教会，1929。

37. 陆宗舆：《中庸证释 . 利》，救世新教会，1929。

38. 陆宗舆：《中庸证释 . 亨》，救世新教会，1929。

39. 陆宗舆：《中庸证释 . 贞》，救世新教会，1929。

40. 中映良品编著：《时尚の家居，中庸有道，fashion decoration of middle patterns：名师创意设计 100》，成都时代出版社，2008。

41. 杜维明：《〈中庸〉洞见》，人民出版社 2008。

42. 黄展骥：《中庸与诡论：阿茂正传》，蜗牛丛书，1983。

43. 何诚斌编著：《中庸领导艺术：决策·智慧·思想·学问》，中共中央党校出版社，2007。

44. 黎立武：《中庸分章：附元中子碑：附提要》. (新 1 版)，中华书局，1985。

45. 孔伋著：《中庸古本》，中华书局，1991。

46. 何者明编著：《中庸处世智慧》，当代世界出版社，2006。

47. 管曙光主编：《白话四书五经》，长春出版社，2007。

48.(宋) 石𡐤辑：《中庸辑略》. (影印本)，北京图书馆出版社，2003。

49. 中庸，圆教会，不详。

50. 何者明编著：《中庸管理的艺术》，当代世界出版社，2006.

51. 唐文治：《中庸新读本》，出版者不详。

52.《四书五经》. (第 10 版)，国学整理社，1936 年

53. 龙生祥译注:《大学：儒家经典》，青海人民出版社，2002。

54.(清)潘家帮撰:《中庸笺注讲义别体》.（手稿影印本），文海出版社，出版年不详。

55. 徐儒宗:《中庸论》，浙江古籍出版社，2004。

56. 杨洪注译:《中庸大学》，安徽人民出版社，2002。

57. 中山大学中文系汉语专业工农兵学员批注:《〈中庸〉批注选》，广东人民出版社，1974。

58. 刘成纪:《中庸的理想》，中国人民大学出版社，2001。

59. 萧兵:《中庸的文化省察：一个字的思想史》，湖北人民出版社，1997。

60. 子思:《中庸今注今译》.（第 2 版），商务印书馆 1977。

61. ［美］陈慰中:《中庸辩证法》，学苑出版社，1989。

62. 孔子文化大全编辑部编:《中庸（汉英对照本）》，山东友谊书社，1992。

63.(宋)赵顺孙纂疏:《大学纂疏中庸纂疏》，华东师范大学出版社，1992。

64. 蒋贵麟主编:《康南海先生遗著汇刊 .5. 中庸注、孟子微》，宏业书局有限公司，1987。

后 记

　　学习中华传统文化经典是传承中华文化的最基础、最有效的方式与路径。而运用各学科的思想方法来诠释经典，则是发扬传统文化的最好手段。因为学习是为了运用，学习不仅是为了"照着说"，而且是为了"接着说"。作为跨入新时代的学者，我们有责任，有义务秉持在十九大报告中提出的"推动中华优秀传统文化创造性转化、创新性发展"的基本思路，落实繁荣哲学社会科学的有关精神，努力创造出有中国特色、中国风格、中国气派的传播学话语体系，以为建设"新时代"提供传播学界的"方案"，那就是建设"可沟通的社会"，用中国独特的传播观念，例如中庸观念，来促进生态和谐、人际和谐、社会和谐，进而将饱含着中国中庸中和智慧的"人类命运共同体"思想推向世界，为建构和谐世界贡献"中国方案"。

　　厦门大学传播研究所成立于20世纪90年代，至今（2018）已有25年的历史了。该所在推动传播学中国化的重要领域——华夏传播研究方面贡献突出，不仅于1993年召开了中国大陆"首届海峡两岸中国传统文化中传的探索座谈会"，并出版了《从零开始》的论文集，而且还推动出版了《华夏传播论》和《华夏传播研究丛书》（三卷）。进入21世纪以来，不仅开设了本硕博的课程——"华夏传播概论""史论精解——华夏传播研究史论""中国传播理论研究"，而且还出版了本科生与研究生教材——《华夏传播学引论》《华夏文明与传播学本土化研究》。更难能可贵的是连续出版了以华夏文明传播研究为特色的新闻传播学领域综合性学术论文集——《中华文化与传播研究》和聚焦华夏传播研究领域的专业论文集——《华夏传播研究》。此外，为了推动本领域研究的进展，团结海内外从事中华文化传播研究领域的学者，早在 2016 年 3 月 25 日在南京大学召开的新闻传播思想史学会的工作会议上，正式批准成立以厦门大学传播研究所为牵头单位的"华夏传播研究小组"，并成为该学会的常设机构之一开展工作。2017 年 11 月 18 日在首届华夏文明传播研究工作坊（作为由厦门大学新闻传播学院承办的中国新闻史学会新闻传播思想史专业委员会 2017 年年会的一个分会场形式举行）召开之际，19 日，在由厦门大学传播研究所举办的"华夏传播研究座谈会"上，来自厦门大学、华东师范大学、深圳大学、广州大学、暨南大学、郑州大学、西北师范大学、西南政法大学等高校的同仁一致响应由厦门大学传播研究所所长谢清果教授提出的成立"华夏传播研究会"的倡议，于是这些参与单位作为发起单位成立了"华夏传播研究会"筹备委员会，秘书处设在厦门大学传播研究所。也就是说，以厦门大学传播研究所为推动工作的实体，从而形式上虽松散但承担着联系从事中华文化传播研究学者共同的精神家园纽带的"华夏传播研究会"正式宣告成立了。一个月后即 12 月 19 日，于浙江越秀外国语学院召开的"全球修辞学会"年会上，"华夏传播研究会"被批准成为其二级分会。这样华夏传播研究会便有了更广阔的学会交流平台。令人欣喜的是，2018 年 9 月 16 日，在江苏金坛举办的首届"华夏文明传播与企业家精神培育"研讨会的闭幕式上，华夏传播研究会作为华夏文化促进会传播专业研究委员会的简称而宣告成立。华夏文化促进会的驻会主席廖彬宇先生亲临现场授牌。从此，华夏传播研究会翻开新的历史篇章。

事业发展最核心的工作是培养人才，而培养人才必须顶天立地，那就是视野要开阔，心要比天高，具体而言，就是要放眼全球传播新进展，努力立足研究前沿。同时也要脚踏实地，立足中华文化本位，培养中华文化这个主心骨，培养中华文化自信这个定力，深耕中国历史与现实的丰富实践，努力开创"中华传播学派"。于是，厦门大学传播研究所在博士硕士中开展"中外传播经典研读"的读书会活动。读的书是中外文化经典，用的力是从传播思想的角度加以研讨，努力在中西传播思想对话中，彰显中华传播思想的特质，提升中华民族的传播自觉，参与世界传播文化的对话，为传播学发展提供"中国方案"。现在呈现在读者面前的正是我们研讨《中庸》这部经典的成果。接下来，本学期我们以研读彼得斯的《对空言说：传播观念史》和《论语》为抓手，力争继续推出《论语的传播思想》和《道通天下：中国传播观念史》，当然，后续还会每学期推出类似的研究书目，形成新的研究成果，奉献给中国传播学界。

本书的写作正是在读书会一开始便进行了明确的分工，读书会主持人谢清果教授承担中庸内向传播思想研究，杜恺健博士生承担中庸政治传播思想研究、赵晟博士生承担中庸文化传播思想，祁菲菲硕士生承担中庸人际传播思想研究。后面又吸收了林凯博士生的中庸跨文化传播思想研究方面的论文，于是便有了本书的基本框架。论文完成后，由杜恺健博士进行初步格式调整，然后由谢清果教授进行统稿。因此，为明责任，本书作者依章节顺序排列分别为：序（谢清果）、第一章（谢清果）、第二章（杜恺健）、第三章（赵晟）、第四章（祁菲菲）第五章（林凯），附录部分由杜恺健、赵晟、祁菲菲按本研究主持人谢清果教授的安排完成注释，杜恺健统稿，谢清果审定。

谢清果
2018 年 4 月 4 日
于厦门若水居